U0895121

大学生思想政治教育工作研究

付铭举　周沫含　王　蔚　著

辽宁人民出版社

图书在版编目（CIP）数据

大学生思想政治教育工作研究 / 付铭举，周沫含，王蔚著．— 沈阳：辽宁人民出版社，2020.10
ISBN 978-7-205-09970-1

Ⅰ．①大… Ⅱ．①付… ②周… ③王… Ⅲ．①大学生－思想政治教育－研究－中国 Ⅳ．① G641

中国版本图书馆 CIP 数据核字（2020）第 191985 号

出版发行：辽宁人民出版社
地址：沈阳市和平区十一纬路25号　邮编：110003
http://www.lnpph.com.cn
印　　刷：辽宁鼎籍数码科技有限公司
幅面尺寸：145 mm × 210 mm
印　　张：4.5
字　　数：70千字
出版时间：2020年 10 月第 1 版
印刷时间：2020年 10 月第 1 次印刷
责任编辑：王　琳
封面设计：高政华
版式设计：鼎籍文化
责任校对：冯　莹
书　　号：ISBN 978-7-205-09970-1

定　　价：24.00 元

前 言

随着信息技术的迅猛发展，大数据时代已经到来并开始影响人类社会的众多领域。对大学生思想政治教育而言，大数据时代更是不可抗拒也无法逃避的新环境。新时期的到来为我国大学生思想政治教育工作带来新的契机，激发了对大学生大数据收集、挖掘和分析的积极性。这不仅有利于观察大学生群体的总体特征，实现大学生行为的预警及预测，还有助于探究个体大学生的偏好以及习惯，实现大学生思想政治教育的个性化。如何深刻理解新时代思想教育的内涵，把握其对传统思想教育带来的挑战，探索高校思想教育发展新模式，是现阶段思想政治教育队伍开展思想教育理论研究与实践的重要课题。

从20世纪80年代初起，思想政治教育学作为一门应用型学科逐渐形成并发展起来。特别是从其学科地位确立之后，思想政治教育的研究取得了长足进步。新世纪以来，学术界在思想政治教育要素、组织结构、价值理念、运行过程、管理等研究方面取得了大量成果。然而，对于大学生思想政治教育机制的专门性研究却不够深入，一方面是因为在内容上还存在理论与实践难以契合的抽象化，另一方面是因为在形式上还存在宏观视角与微观视角难以有效结合的弊端。因此，对大学生思想政治教育机制多年来的仍是一项亟待解决的重要课题。

虽然党和国家历来高度重视高校的思想政治教育工作，但实效性偏低的难题却始终没能得到合理解决，这主要与机制的不完善与机制运行的不稳定有很大关系。不可否认，传统的思想政治教育机制在过去取得了巨大成就，但全球化、市场化、信息化等教育环境的迅速发展使高校思想政治教育机制的运行环境发生了根本性的转变，这就对重新调整并开拓思想政治教育工作的新格局提出了巨大挑战。

从教育对象角度看，随着全球化的飞速发展，当代大学生的思想观念和价值取向发生了深刻变化，特别是享乐主义、个人主义和拜金主义在大学生群体中滋生，使大学生对集体主义、爱国主义、道德理想等信念的追求逐渐淡化了。学生思想观念变化之快、之大，超过以往任何时期。然而大学生的思想政治教育机制却变化不大，计划经济条件下的传统运行机制和思维方式仍然影响着当代思想政治教育工作，致使大学生思想政治教育工作的实施难以具有实效性和长效性。因此，在新形势下，进一步分析思想政治教育工作的时代特点及其创新意义就成为一项十分重要且具有战略意义的新课题。

本书以思想政治教育的基本原理为依托，再现思想政治教育工作复杂、生动的现实实践过程，力图通过对思想政治教育系统进行动态运行过程的考察，对多因素、多变量的思想政治教育运动过程进行一种整体、动态的把握，优化思想政治教育工作运行，从而达到为社会培育新型人才这一根本目的。

本书由大连交通大学电气信息工程学院付铭举、陕西交通职业技术学院周沫含、大连大学物理科学与技术学院王蔚共同撰写完成。由于作者的水平有限，书中难免有不妥之处，敬请各位同行和读者批评指正。

目　录

第一章　大学生思想政治教育工作的主要内容

第一节　正确认识用习近平新时代中国特色社会主义思想武装大学生头脑的重要性

做到政治上坚定的前提是要在理论上有一个清醒的认识。我们党可以带领广大人民群众不断取得胜利的一个重要经验，就是始终重视思想建党、理论强党，坚持用科学理论武装头脑，只有这样才能引导人们做到政治立场坚定。习近平新时代中国特色社会主义思想是马克思主义中国化的最新成果，是全党、全国人民为实现中华民族伟大复兴而奋斗的行动指南，必须长期坚持并不断发展。作为高校思想政治教育工作者，我们要不断提高政治站位，大力增强广大青年学生的政治认同。

一、从加快建设教育强国的高度树立正确认识

推动社会主义现代化建设的本质是推进人的现代化，当前人才已经成为决定一个国家综合国力和国际竞争力的重要因素，想要推进人的现代化，就要不断提升人才素质，提高教育水平。习近平总书记指出："教育是提高人民综合素质、促进人的全面发展的重要途径，是民族振兴、社会进步的重要基石，是对中华民族伟大复兴具有决定性意义的事业。"党的十九大报告也指出：建设教育强国是中华民族伟大复兴的基础工程。可以说，优先发展教育事业，是习近平新时代中国特色社会主义思想的重要内容之一。加快建设教育强国，办人民满意的教育，办好中国特色社会主义大学，必须坚持以习近平新时代中国特色社会主义思想为指导。广大高校师生要按照教育部的部署，积极参与

写好教育奋进之笔的行动，把习近平新时代中国特色社会主义思想转化为优先发展教育事业的生动实践。

二、从守牢党和国家意识形态工作前沿阵地的高度树立正确认识

大学生正处于不断成长、成熟的关键时期，他们对各种社会思潮的抵御能力比较弱，这就要求高校必须重视意识形态工作。习近平总书记在第二十三次全国高校党建工作会议上指出，要强化思想引领，牢牢把握高校意识形态工作领导权；他在全国高校思想政治工作会议上也强调，办好我国高等教育，必须坚持党的领导，牢牢掌握党对高校工作的领导权，使高校成为坚持党的领导的坚强阵地。对于当前我国大学生思想政治教育工作来说，我们要用有说服力的资料、有感染力的案例，讲清楚党的十八大以来党和国家事业取得的历史性成就和发生的历史性变革，激励广大青年学生坚定不移地跟党走，增强广大青年学生的思想鉴别能力和政治判断力。

三、从培养担当民族复兴大任的时代新人的高度树立正确认识

实现中华民族伟大复兴是中华民族最伟大的梦想，无数仁人志士为了实现这一伟大梦想不惜抛头颅、洒热血。今天，我们站在比历史上任何时期都更接近这一目标的新时代，更需要亿万具有使命担当的青年为之接力奋斗。高校思想政治教育工作关系到高校培养什么样的人、如何培养人以及为谁培养人这个根本问题。因此，对于高校思想政治教育工作者来说，必须站在培养担当民族复兴大任的时代新人的高度，深刻认识并理解习近平新时代中国特色社会主义思想的指导意义。

四、习近平新时代中国特色社会主义思想宣传水平

在全新的发展时期，大学生的个性特点、理论诉求以及学习方式等均出现了一定变化。高校思想政治教育工作者应该抓住这一变化，通过适当的方式提高思想武装的实

效性，不断增强广大青年学生的情感认同。

（一）关心大学生，积极回应大学生的问题

当代大学生掌握的知识较多，交往范围广泛，思想也比较活跃，他们对自己的生活有独特的见解，对美好生活的需求呈现出多样化、多层次、多维度等特点。因此我们既要充分关注不同地域、专业、性别的学生需要的差异性，也要充分关注不同学段学生成长需要的阶段性特征，努力把握准、回应好他们的关切，不断增强理论亲和力。

（二）努力提高教育工作能力

教育工作能力是综合的、全方位的，因而提高能力的要求也体现在多个方面。一是因材施教的能力。思想政治宣传的方法应该因人而异。高校思想政治教育工作者必须充分考虑不同学生群体的不同特点，采用切合实际的方法区别对待。二是对接生活的能力。有时候，天边不如身边，道理不如故事，这其中蕴含着理论与生活对接、认识与实践统一的深刻哲理。习近平总书记指出：一种价值观要真正发挥作用，必须融入社会生活，让人们在实践中感知它、

领悟它。要注意把我们所提倡的与学生日常生活紧密联系起来，在落细、落小、落实上下功夫。这主要是针对价值观培育而言的，但对于新时代大学生的思想武装同样适用。根据一些高校的思想政治理论课教学实践，结合大学生的生活实际、思想实际，让他们用绘画、雕塑、微电影等形式讲述新时代的故事、描述“我心中的思政课”，就是一种有益的尝试。三是运用现代信息技术的能力。运用新媒体新技术使工作活起来，推动思想政治工作传统优势同信息技术高度融合，增强时代感和吸引力。加强新时代新思想的武装，积极探索线上线下混合教学模式，从而适应新时代大学生的新特点、新要求，增强思想引领能力。培养一批既能把握理论内容、熟练掌握课程教学手段，又较熟悉互联网运用、懂得大学生网民心理、了解现代传播规律的新型师资。

第二节　新时代民族优秀传统文化教育

2018 年 3 月 20 日，习近平总书记在第十三届全国人民代表大会第一次会议上的讲话中指出：我们要以更大的力度、更实的措施加快建设社会主义文化强国，培育和践行社会主义核心价值观，推动中华优秀传统文化创造性转化、创新性发展，让中华文明的影响力、凝聚力、感召力更加充分地展示出来。这为高校教育工作指明了方向，高校想要培养高素质人才就必须加强对大学生的中华优秀传统文化教育。

一、培育大学生的正确文化态度

一个人的态度可以在很大程度上决定其行为，这是一个人对某一特定对象比较固定的一种综合心理反应倾向。文化态度，是指在社会生活中人们对某一特定文化的评价、好恶、行为倾向，包括怎样对待主体文化和怎样应对外来文化。总的来说，在人类历史上曾出现过三种不同的文化态度。第一种是民族中心主义，强烈认为自己的群体或种族比其他群体或种族要优越，是种盲目自负的文化态度。第二种叫作极端保守主义，认为外来文化具有一定的历史价值，但只当作珍稀物品收藏，排斥其在现实生活中的作用，崇拜其空壳。第三种是文化相对主义，认为每种文化都具有独特价值体系，主张评价具体的文化体系都应独立地从这种文化自身的角度进行。这三种观点各持一端，要么全盘肯定，要么全盘否定，或人为地将中西文化割裂、各自为用，但都不是历史地辩证地看待中西文化。以毛泽东为代表的马克思主义者认为科学的态度应是“古为今用，洋为中用”。因此，高校要引导大学生以开放、理性的态度看待和处理中外文化，充分汲取外来先进文化的营养成分为我所用。对外来文化全盘否定或全盘接受都不是理性的态度，只有正确理性的文化态度才能促进中国特色社会主义的文化建设。

高校要想引导大学生树立并巩固正确的文化态度，就必须客观地看待中国传统文化，继承和发扬优秀传统文化，摒弃文化糟粕。同时，用动态的眼光去评价外来文化，取其精华，弃其糟粕，并将中国的优秀文化在世界传播开来，使中国文化发扬光大并永葆活力。

（一）始终坚持坚定地追求先进文化

在当代，中国特色社会主义文化是先进文化，是以马克思主义为指导，既传承中华民族优秀文化又吸收各国优秀文明成果的优秀文化，反映了时代特点，顺应了人民的期待，符合历史发展规律。高校思想教育工作者应要求大学生对中国特色社会主义文化的发展充满信心，使其内心真切认同并产生深切的挚爱之情，真正成为社会精神家园的创造者和守护者。只有具有深厚的感情基础，才能真正树立自觉弘扬社会主义先进文化的主人翁意识，才会自觉学习、主动拥护、广泛传播、勇敢创新，从而对社会主义先进文化产生自觉和自信。

（二）始终坚持以开放和包容的态度看待外来文化

大学生的文化态度应该是开放包容的，而不是封闭狭隘的；应该是面向世界的，而不仅仅是面向本土的。培养开放包容的文化心态，把一切优秀文化视为精神食粮，不断吸收消化，这是在全球化进程中实现民族复兴对每个有素养的公民提出的必然要求。在民族文化与外来文化的双向互动中，既要保持开放态势，又要具有包容态度，这是每一个大学生必备的文化态度，也是文化自信的具体表现。要引导大学生了解和掌握世界主要民族文化的重要特点，密切关注其发展趋势，秉持开放包容、共赢合作的文化心态，推动世界各民族文化和谐共处、共同进步。

（三）始终坚持以崇敬和自豪的态度对待中华优秀传统文化

始终保持对中华优秀传统文化的崇敬和自豪的态度。中华民族的文化历史悠久、波澜壮阔、博大精深，留下了浩如烟海的文化典籍，提供了众多的发明创造。要使当代大学生尊重优秀传统文化，并对其充满坚定的自豪感。同时，又能把它放在世界多元文化格局中进行考察，做到既不孤芳自赏，又不妄自菲薄。应提升大学生对民族优秀文化的崇敬和自豪感，促使其把民族优秀文化当作中华民族生生不息的母体和精神之源，引导他们以一种理性的文化精神继往开来，从而产生文化自信。

二、将中国优秀传统文化纳入思想政治理论教材

用马克思主义思想武器武装大学生的头脑，一个重要前提是实现马克思主义中国化，一个重要方面就是将马克思

主义根植于中国优秀文化之中。从根本上说，毛泽东思想、邓小平理论、“三个代表”重要思想、科学发展观、习近平新时代中国特色社会主义思想，都是马克思主义与中国相结合的理论产物。因此，教育主管部门和各高校必须加强思想政治理论课的学科建设、课程建设、教材建设，必须把思想政治理论课程教学大纲和教材编写纳入马克思主义理论与研究建设工程，组织专家和骨干教师编写既能全面反映马克思列宁主义、毛泽东思想、邓小平理论和“三个代表”重要思想、科学发展观、习近平新时代中国特色社会主义思想等重要思想的最新成果，又能反映传统文化优秀成果的教材，努力形成以当代马克思主义为指导的具有中国特色、中国风格、中国气派的学科体系和教材体系。

三、兼顾个体差异性，强调育人目标多样化

随着社会的发展，个体的个性被放大，个体主体性得到了越来越多的重视，这个时代已经不适应众生一致的生存模式，因此，高校必须重视大学生的个性，突出育人目标多样化。首先要坚持以人为本，注重人文关怀。在思想

政治教育过程中，警觉并抵制整体主义伦理观中否定、压抑个性的内容，在对教育目标的追求中实现由一元质量观向多元质量观的转变。在运用现代理念引导大学生形成正确的价值观取向时，要用心体察个体原有思想觉悟的差异、接受能力的差异，深入挖掘我们所倡导的理念与个体思想实际的对接点，寻找对不同类个体行之有效的教育方法并建立多元化的评估激励机制。其次要落实“三贴近”原则，强化服务理念，并要因人而异，区别对待。这要求思想政治教育工作者在工作过程中，先分层次、分对象，再根据不同层次和对象的特点和个性有针对性地选用不同的手段和方法，做到有的放矢。

第三节　大学生道德认知和道德意志教育

一、加强大学生道德认知教育

（一）开展主体性道德认知教育

在信息化时代，大学生会接收到各种各样的信息，导致他们在进行道德判断、选择时有些迷茫，甚至一些大学生可能会出现选择焦虑。大学生还不具备完整的心智，所以他们在承受外界压力的时候可能会进行违背内心原则的选择，会产生内心原则与外界压力之间的冲突和矛盾。所以高校在开展思想政治教育时，应该将主体性道德认知教育作为一个重要内容，以此培养大学生的道德能动性、意志自由的道德人格。通过主体性道德认知教育，帮助大学生了解道德的内涵，掌握道德行为理论，并在此基础上正确地认识自己、肯定自己、发展自己，成为一个对自身有正确认识、可以为自己的行为负责的人，最终能够自如、自在、自由地处理好个人与他人、个人与社会的关系。

（二）开展实践性道德认知教育

高校思想政治教育工作者在保证其道德认知教育的内容在总的价值追求的目标下的同时，应该充分结合实践考虑教育的内容，设定学生更易接受和理解的内容进行教育，并使其内化为自身的道德需求，让这些教育内容成为大学生自身德行的一部分，使学生能通过亲身经历来感受和思考道德问题，进一步领悟道德内涵。此外，还应注意道德教育内容的全面性，涉及学生学习和生活的道德问题都应该在教育范围内，包括学生在道德成长过程中可能遇到的各种问题，并花费时间和精力对这些事件和问题进行研究和分析。实践性道德认知教育，实际上就是教育者根据一定目的创设系统的道德实践或生活情境，使学生在相应的情境中开展实践学习活动，从而使学生掌握道德认知知识、激发道德情感、产生道德需要，将道德需要作为基础进一步坚定学生的道德信念和意志，保障他们自身的道德行为，提升个体的道德思维能力。

（三）开展道德思维能力培养的教育

道德思维是建立在道德感知和道德观念、外在要求和内心信念之间的沟通桥梁，是一种具有特殊性的思维模式，是道德概念的运动变化和发展。正确地运用道德概念，人们才可以进行道德判断和道德推理，从而全面地掌握道德对象的本质，通过这个过程完成道德思维。对大学生进行道德概念教育的目的是使他们可以正确地理解信息化时代中人与人、人与社会之间关系的本质，可以正确地认识道德关系、道德行为、道德原则等。除此以外，在道德实践中还需要对大学生开展道德推理教育，这是指让大学生在掌握一定的道德概念、判断的基础之上，具备可以通过一个或几个道德判断进行科学的推断得出另一个道德判断的思维能力，并可以以此有效解决特定的道德问题。

二、加强大学生道德意志教育

道德意志实际上是人的一种精神力量，它是在人们的道德义务实践过程中，通过主动地或自愿地进行一定选择判断、挣脱困难时，表现出的一种顽强的精神力量。拥有坚定道德意志的人可以果断地做出抉择，可以坚定地将认知转化为行为，并可以在实践中一直维持道德行为，最终形成道德品质。

（一）开展自觉性的道德意志品质教育

自觉性的道德意志品质教育，主要是指在行为的发生过程中，大学生可以理性地认知自己采取的目的手段、行为结果、价值实现、所表现出来的道德目的等。具有自觉性道德意志品质的学生具有较强的抵抗性，外界的信息对他们不会造成很大影响，他们会通过自己的理性判断选择拒绝或是接受外界信息。培养学生自觉性的道德意志品质可以使他们从自身的客观实际情况出发，遵循内心的道德准则，并不会轻易地因为外界压力而低头。道德意志品质的自觉性是指那些经过自身的理性思考做出判断而进行的道德行为。高校在开展思想政治教育时有必要培养学生的这种自觉品质，尤其是在当今的信息化时代背景下，这样才能保证学生面对外界的压力和诱惑时不轻易动摇，可以自觉主动地克服困难，保证自身道德行为的发展方向是健康的、正确的。

（二）开展果断性的道德意志品质教育

果断性的道德意志品质是指大学生可以甄别是非，在合适的时间对某些事件经过思考后做出较为合理、准确的判断，并且可以将自己的判断转化为行动的优秀意志品质。具备该素质的大学生可以把握客观条件，最大限度地使自己的道德行为向正确的方向发展。

（三）开展坚韧性的道德意志品质教育

坚韧性的道德意志品质是指大学生面对一定困难时，

能够以充沛的精力和坚韧的毅力完成所要实现的预期目标的一种精神品质。坚韧性的道德意志品质可以让大学生用正确的态度面对困难，不会因为困难而停滞不前或是自甘堕落。在诱惑面前，具有坚韧性的道德意志品质的大学生可以运用道德行为抵制不利因素，可以通过自身的坚韧意志尽量排除不利于道德行为发生的一切因素，使自身的道德行为可以持续朝正确的方向发展，这是他们的道德品质所表现出来的顽强性的特点。此外，坚韧性的道德意志品质还具有坚持性的特点，这是指具有该品质的学生在面临选择时，始终会选择和坚持正确的道德行为，并在保证行为道德的基础上实现自己的行为目的。

（四）开展自制性的道德意志品质教育

自制性的道德意志品质是指大学生在某种程度上所表现出来的一种具有自我控制能力的精神品质。具有该优秀品质的大学生可以自行控制、调节、协调自己拥有的道德情绪，可以经过判断约束自己的道德行为。大学生的积极能动性很大程度上可以通过自制性的道德品质得以表现，同时这也是人的一种本质的力量表现。

通过对大学生进行道德行为教育，可以使他们在现实世界和网络世界中，都可以做出具有善的价值的道德行为。

高校思想教育工作者应按照一定标准选取合适的道德行为方式作为教学素材，采取有效的方式开展教育，将这些道德行为运用到教学实践当中。在开展道德行为选择教育时，充分考虑到学生的主观能动性，让学生可以从主观的角度进行思考和选择，使他们不论是处于现实环境还是虚拟环境都可以做出正确的道德行为。

第二章　新时期大学生思想政治教育的模式

第一节　新时期大学生的思想、心理状况分析

19 世纪德国哲学家、心理学家、科学教育学的奠基人赫尔巴特曾经说过："青年初期最宝贵的心理成果是发现自己的内心世界。" 而大学生随着自我意识的深入发展，自尊心越来越强，虽然患各种严重躯体疾病的人不多，但由于受择业、自卑、早恋等问题的困扰，有心理问题的人不在少数。这些心理问题严重影响了大学生的学习和正常生活。

心理健康是大学生成才的基础。心理健康可以促进大学生形成健康的心理品质，是大学生全面发展的基本要求，也是他们将来走向社会，在工作岗位上发挥智力水平、积极从事社会活动和不断向更高层次发展的重要条件。心理健康可以使大学生克服依赖心理，增强独立性，有利于大学生培养健康的个性心理，是大学生取得事业成功的心理基础。

就当前大学生的思想观念和心态的集中表现，有人概括为“一个中心”“两个矛盾”“三个压力”“四个转变”“五个更多”。“一个中心”：以自我成才为中心，主导思想是自我价值与自我奋斗，集体和协作观念、服务和奉献精神以及艰苦奋斗的作风不足，与“四有”标准有较大差距。“两个矛盾”：一是学生自我期望值高与教育改革的矛盾，改革一旦触及自身利益，就会出现抵触情绪；二是学生日益增长的精神文化需求与落后的文化娱乐设施的矛盾，一些校园周边是低俗的文化场所，如娱乐厅、歌舞厅。“三个压力”：学习压力，就业市场的竞争使学生求知欲强烈；经济压力，招生收费并轨导致不少学生经济困难；就业压力，人才招录的某些不公平竞争使学生担心自身的前程被断送。与20世纪80年代相比，90年代以后的大学生有“四个转变”：由关心西方政治、文化思潮，转变到关心中国国情；由不着边际地高谈阔论，转变到求真务实；由关心国家和社会，转变到更多地关心个人发展；由一味地追求出国留学，转变到在国内寻求用武之地。在观察和处理问题上，往往表现出“五个更多”：更多地采用生产力的标准，而不是意识形态的标准；更多地采用市场经济标准，而不是传统道德标准；更多地采用批判的标准，而不是建设的标准；更多地采用“与国际接轨”的标准，而不是“中国特色”的标准；更多地采用具体利益的标准，而不是抽象的政治标准。至于当代大学生的价值取向，主流呈健康向上的趋势，自立、竞争、公平、效率等时代意识明显增强。从整体看，多种取向并存；从个体看，多数学生尚未形成完整的、稳定的人生价值观念，在一些问题上常常表现出矛盾或多变状态。

就发展趋势而言，随着社会主义市场经济的不断发展，加之大数据时代的到来，使各方面利益相互交织，人们的利益观逐步强化。在这一系列背景下，影响大学生的负面消息不断增加，如果没有系统的思想政治教育进行积极引导，必然导致大学生在人生道路上走错方向，酿成不堪后果。

早在20世纪30年代，美国健康教育家鲍尔和霍尔就提出了一个较完善的健康主义观念，认为健康是人们在身体、心情和精神方面都自觉良好、精力充沛的一种状态。健康的概念在全球得到传播且被人们接受，但是心理健康的定义却一直是一个有争议的问题。《简明不列颠百科全书》提出，心理健康是指个体心理在本身及环境条件许可范围内所能达到的最佳功能状态，但不是十全十美的绝对状态。我国心理健康教育工作者也总结了长期的工作经验，提出了六项标准：智力发展正常、情绪稳定乐观、意志品质健全、心理协调适度、人际关系和谐、人格完整独立。尽管内容及表达各有差异，但都强调充分发挥个体的心理潜能以及个体内部心理协调外部行为两个方面。因此，健康的心理，表现为人在与社会环境的互动中行为适应，个人能力得到发挥、发展、完善的心理特质。

当前高校学生心理健康问题的主要表现为：

一、自我封闭和自我孤独

自我封闭是指将自己与外界隔绝开来、很少参与社交活动，除了必要的工作、学习、购物以外，大部分时间将自己关在家里，不与他人来往。大学生如果沉迷互联网，减少与外界进行口语交谈的人际接触机会，会变得与现实社会相隔离，切断真实的人际关系，造成自我封闭。在网络技术迅猛发展的情况下，大学生借助网络这一载体参与网络中不同组织的交流，在网络中与陌生的伙伴侃侃而谈。而一旦他们回归到现实生活中，参与人际交流时却不知所措。具体表现为有的同学恐惧直接接触，导致个人的内心更加封闭，造成网络外自我封闭，从而在情感上对网络世界产生眷恋和过分依赖，不善于与人交流，产生人际关系障碍和交往心理变异。

自我孤独总是希望通过上网获取现实生活中得不到的信息资源，以便改变自己，但上网不但未能解除孤独，反而使孤独感加重。网络具有隐藏性特点，一部分大学生往往借助网络的这个特点来修补自己的“心灵创伤”。他们常常通过网络平台向网友发泄自己的情绪、排解忧虑，通过这种匿名的方式，他们的心理压力得以释放，但心理压力的释放并不等于得到了“救赎”。在这一过程中，网络的虚拟性就得以体现。由于无法预知对方的真实身份，所以真真假假、虚虚实实，当脱离网络回归现实，又处于一种空荡荡的境地。有些大学生表现出相反的状况，他们本身有时间去参加社交活动，但是网络的出现，使他们把大部分时间投入网络交流，这样长期“顾此失彼”，自己的现实生活被网络挤掉，减少了与朋友见面交流的机会，导致友情淡化，不由自主地将自己的交际圈缩小。因此，这种网络交流方式有别于现实生活中复杂的人际交往，但也可在一定程度上缓解人的心理压力。现实生活中，人与人之间的交往是通过身体语言的方式进行交流的，通过这种交流可以了解和读懂对方的心理和所要传达的信息。但是，借助网络载体，许多大学生只能是借助键盘、鼠标和显示器所造就的书面语言，使这种孤独感的发展更加畸形。同时，网络增加了“撒谎”和“说真话”的辨别难度，这与现实生活中的直接交往相比，人与人之间的距离变得疏远。网络的虚拟性使大学生完全将自己沉溺其中，他们与人交往、与社会接触的机会和时间大大减少。这种情况自然会使大学生忽视人与人之间的情感，自闭与孤独倾向更加严重，致使大学生走向孤立、冷漠的境地。网络交流一方面开拓了大学生交流的途径，另一方面却剥夺了大学生参与现实交流的机会，压缩了自然交流的空间。

二、人际交往障碍

人际交往能力已被公认为现代人才重要的素质之一，是情商的一项极为重要的内容。常言说："欲学为事，先学为人。"人际关系是当代大学生的一个敏感问题，不少大学生常常为此处于矛盾之中：一方面迫切希望参与社交，得到友谊；另一方面又不愿敞开心扉，与同学交往小心翼翼、自我封闭。这种关系对于沟通不畅、有性格缺陷的高校学生来说，必然会产生难以解除的心理矛盾。现实生活中，有些学生不会主动与人交往，在不肯轻易向外人展示真实自我的同时，又渴望别人能理解自己，与自己做"心灵交流"，这种需求如果得不到满足，会感到无所寄托，产生孤独感。有的大学生缺乏在公共场合表达自己思想的勇气和能力，惧怕自己因此而遭遇更大的失败，不敢参与社交活动；有的大学生由于受到批评或遭遇挫折后心情不舒畅，更加缺乏与人交往和沟通的主动性，总觉得大学生活空虚、无聊和压抑。

三、痴迷网络，影响学习动力

大数据环境下，大学生借助网络平台构筑了自己虚拟的网上生活，但过度地痴迷网络会给大学生的人生发展带来极为不利的影响。大学生如果长时间地沉溺于网络，醉心于网上信息与网上猎奇事物，就会产生对网络的过度依赖，将自己的现实生活时间挤掉而转移到网络生活的空间中来，这样会造成对网络的过度依赖和依恋，正常的学习生活及社会交往受到严重影响，给学生的身心健康和学习造成了严重的影响。这些痴迷网络的大学生在精神上往往会表现出两种极端：一种是上网时精神振奋，全神贯注；另一种是不上网时精神萎靡，抑郁忧闷，身体虚弱。有些大学生长时间沉溺于网络，内心越来越闭锁，自然也给正常的学习生活带来不少问题。由于这些大学生坚持上网不上课，不和同学交往，只与网络为伴，造成了其校园生活与现实的脱轨。从现状分析看，痴迷网络包括这样几种类型：一是痴迷于网络色情，长期对网络上的色情音乐、图片、视频进行浏览，以至于产生痴迷；二是痴迷于各种网络游戏，长时间沉浸在游戏带来的快感中而不能自拔；三是痴迷于网络恋情，网恋对大学生而言已经不是新鲜事物，他们利用各种聊天软件及聊天室长时间聊天，借助网络完成自我的“恋情”生活，沉醉在网络所创造的虚幻的浪漫“恋情”中。

痴迷网络会给大学生发展带来极大的消极影响，其中最直接的就是导致大学生学习动力不足。这种影响主要体现在以下几个方面：一是缺乏进取心，畏难情绪严重。在困难面前缺乏勇气和信心，对社会上存在的某些不正之风恨之入骨，但又不敢承担责任，不敢与坏人坏事做斗争，回避困难，逃避责任等，这样的学生常常抱怨自身的不幸，却又宁愿忍受痛苦而不求进取。二是学习观念保守，缺乏学习的自主性，自学能力明显不足。三是学习态度不端正，对所学知识兴趣不浓，总认为与自己原来所向往的专业相差甚远，总感到是在为别人学习，缺乏学习的热情和动力，即使到了课堂也是“人在曹营心在汉”，学习效率低下。四是学习行为不良，旷课、逃课、上课睡觉现象比较严重，对待作业敷衍了事，作业抄袭，考试作弊，做一天和尚撞一天钟，厌倦学习，逃避学习，得过且过，缺少抱负和期望，没有压力感和紧迫感，对成绩好坏持无所谓的态度。

四、自我认知失调

自我认知是对自己的洞察和理解，包括自我观察和自我评价。自我认知与自我观察和自我评价是截然不同的。自我观察是指对自己的感知、思维和意向等方面的觉察；自我评价是指对自己的想法、期望、行为及人格特征的判断与评估，这是自我调节的重要条件。

如果一个人不能正确地认识自我，看不到自我的优点，觉得处处不如别人，就会产生自卑、丧失信心，做事畏缩不前。相反，如果一个人过高地估计自己，也会骄傲自大、盲目乐观，导致失误。因此，正确地认识自我，实事求是地评价自己，是自我调节和人格完善的重要前提。

大学生的认知和习惯的培养不仅是练习和强化的结果，

更重要的是决定于他原有的认知结构和当前所处的环境。社会心理学家菲斯汀格说过："一个人对自己的价值，是通过与他人的能力和条件的比较而实现的。"大数据环境下，大学生的"自我陶冶"能力显著增强，这使得其对外界事物的认识更加感性和随意，当基于这种对外界事物评价的随意性，转移到自我身上，就显得更加随意和自我。这使大学生在现实和虚拟之间产生了严重的断层，而且不能自拔。不同的学生有不同的认知基础、不同的价值目标、不同的个性行为规范，在网络盛行的今天，围绕统一的标准就难以进行有效的正确引导，往往会受到大学生的抵制，影响教育效果。

五、"就业"怪圈

在迈入大学校门的同时，许多大学生就背上了"就业"的思想负担，有的会贯穿四年大学生涯的始终。众多高校也认识到这个问题的严重性，纷纷行动起来，通过开展各类讲座、社会实践活动、就业培训等方式，指导大学生树立正确的择业观、职业观和就业观。

大学生就业指导是教育者根据学生个人特征和社会需要，帮助学生规划职业发展、培养职业能力、选择适宜职业，以促进学生个人和社会的和谐发展而实施的有组织有计划的教育实践活动。大学生就业指导对于大学生自身的就业和成才、高等教育的可持续发展以及社会的稳定和发展都有着十分重要的意义，是当前高校急需解决的重要问题。随着高等教育大众化的发展和信息技术时代的到来，无论是发达国家还是发展中国家都面临着就业问题，整体就业形势日趋严峻。

俗话说："良禽择木而栖，志士择善而从。"但现在就业的严峻形势是每一个高校学生都清楚的，若还按照传统标准难免会碰壁。高校大学生的择业过程是一种个人理想与追求相结合的过程，是一种自我能力与社会需要相结合的过程。大数据时代，面对同一个"择业与就业"问题，不同的心理表现出不同的心态，大学生的功名心理、忧患心理、郁闷心理、求闲心理、求便心理、从众心理、依赖心理等，都会以不同的形态突出地表现出来。

第二节　新时期大学生思想政治教育现状

新中国高等教育的德育，是在党的领导下建立和发展起来的。因此，其表述与党的工作有关概念的演变有密不可分的联系。高等教育的德育，包括高校对学生的政治、思想、品德、心理素质教育的各个方面，因而，通称为“思想政治教育”。高校思想政治理论课产生于探索高校思想政治教育工作科学化的实践中，历经初步探索、曲折建立、恢复、改革发展等建设阶段，发生了许多深刻的变化。在课程设置顺序上，它经历了从马克思主义理论课，再到思想政治品德课，最后到共同发展融合的演变过程；在名称上，它经历了从高校马克思主义政治理论课，到高校思想品德课，再到高校“两课”，又回到高校思想政治理论课的演变过程；在基本建设上，它经历了由不成熟、不规范到比较成熟、规范，并在深化改革中发展、创新。

在我国，高校思想政治教育主要通过教育教学得以实现，这门课程承担着对高校大学生进行自我价值观、社会主义相关理论、马克思主义理论等的教学任务，是大学生思想政治教育的主要途径和主要阵地。纵观新中国成立以来的高校思想政治课，教育教学在高等教育中的地位，总体上保持了与其他学科教育平衡的水平。然而随着不同时期的社会变迁和政治需要，高校思想政治理论课教育教学的地位也时常发生变化，呈现出忽高忽低的状态，曾给高等教育尤其是高校德育教育造成了极大的危害。当然，设置思想政治教育课是社会主义国家的一大特色。纵览我国思想政治教育课，其在不同的历史阶段有不同的发展。

大数据时代，高校校园已成为互联网用户最密集的区域，这就使高校思想政治教育处在不断开放的环境中。网络时代给高校思想政治理论教育既带来了严峻挑战，也带来了新的机遇。一方面，社会网络化必然会充实思想政治教育的内容，推动其理论与时俱进。另一方面，社会网络化进一步开阔了思想政治理论教育的视野：一是由课堂延伸到课外，二是由校内延伸到校外，三是由国内延伸到国外。落后、封闭保守的观念遭到抛弃，创新观念、实效观念、信息观念、竞争观念被普遍认同，开辟了高校思想政治理论教育的广阔天地。

高校思想政治教育现状总体情况是先进的、科学的、积极的、进步的，同时也存在着一些不可回避的问题和不足。具体可概括为对大学生思想政治教育的重要性认识不到位，对思想政治教育的相关规划与管理不到位，高校思想政治教育的内容没有很好地体现科学性和人文关怀，高校思想政治教育的工作方法存在简单化、机械化等倾向。

一、高校对大学生思想政治教育的重要性认识不到位

《中共中央　国务院关于进一步加强和改进大学生思想政治教育的意见》指出，“要高度重视大学生生活社区、学生公寓、网络虚拟群体等新型大学生组织的思想政治教育工作”。强调指出，大学生是十分宝贵的人才资源，是民族的希望、祖国的未来。为了贯彻该文件精神，各地教育部门制定了相关实施办法，但作为“主渠道、主阵地、主课堂”的大学生思想政治教育仍然存在一些认识上的误区。而目前大数据时代背景下，思想政治教育工作对此关注不够，研究不足，尚缺乏有效的引导。

（一）高校普遍没能把握“思想政治教育先行”的本质

党的十八届三中全会通过的《中共中央关于全面深化改革的若干重大问题的决定》提出：深化教育领域综合改革。全面贯彻党的教育方针，坚持立德树人，加强社会主义核心价值体系教育，完善中华优秀传统文化教育，形成爱学习、爱劳动、爱祖国活动的有效形式和长效机制，增强学生的社会责任感、创新精神、实践能力。立德树人是教育的根本任务，是培养什么人、怎样培养人的根本问题。要培养德、智、体、美全面发展的社会主义建设者和接班人，就必须把德育放在首位，立德树人，使我们培养的人才既有高度的道德素养，又有建设社会主义的真实本领。

高校的思想政治教育工作可以用“说起来重要，干起来次要，忙起来不要”来概括。“说起来重要”是因为“德育为先”是党和政府一直强调的，它经常出现在各种文件中，高校也经常通过文件的形式进行学习，但是在实际工作中却不能够达到学以致用。“干起来次要”是由于高校教学质量的考查还是通过数字化的成绩考核，所以当专业课程与思想政治课程相遇时，思想政治课程做出了让步和妥协，思想政治教育课程被“理所当然”地让位于专业课程，由于高校发展传统的问题，高校思想政治教育一直被放在次要位置。在实际的思想政治教育过程中，思想政治教育工作者一直延续传统的工作思路和工作方法，许多活动即使开展了，也只是流于形式，使思想政治活动名不副实。对高校思想政治教育工作由于传统上缺乏重视，当高校所有活动交织在一起的时候，思想政治教育工作就不得不做出让步。

（二）大学生对思想政治教育采取漠视态度

调查显示，大学生对政治理论课很感兴趣、一般、不感兴趣、反感的比例分别为17.2%、56.14%、17.43%、9.26%；认为学习思想政治理论课很受教育与启发、有一些收获、没有收获的比例分别为20.12%、61.51%、18.37%。数据表明，大学生对高校思想政治教育认识“边缘化”。

具体到高校生活中，对于高校的思想政治教育，一些学生认为虽然有意义、很重要，却远远比不上学习成绩甚至参加学校活动的重要性，似乎离他们的现实要求尚远。随着网络的普及，有的学生受到网络功利化倾向的影响，认为思想政治教育是没必要的，思想政治教育就是钳制人思想的工具。

二、高校对思想政治教育的相关规划与管理不到位

学校管理是学校管理者通过一定的机构和制度采取不定期的手段和措施，带领和引导师生员工，充分利用校内外的资源和条件，整体优化学校教育工作，有效实现学校工作目标的组织活动。学校管理作为与思想政治教育相辅相成的一种教育手段，是大学生思想政治教育的重要途径。如果缺乏切合实际的、合理的管理制度，大学生思想政治教育就会变得羸弱无力。

在现阶段，高校对学生进行思想政治教育管理的部门设置比较简单，主要依托学生处、团委来完成。相比人员众多的专业教育人员，思想政治教育管理者十分匮乏，在处理一系列学生问题时就显得“捉襟见肘”。在这种情况下，高校思想政治教育工作者只能将本应该是非常有人性化的学生工作当成机械的“消防工作”，将自己的角色定位为“消防员”，整个教育过程就变成了单纯的“救火”和维

稳，很难做到思想政治教育的人性化和个性化，很难做到从学生实际情况出发，将思想政治教育工作做得更有实效性。

另外，高校思想政治教育也需要良性的制度来规范。现阶段，高校没能够根据自己的实际情况和学生的特点进行教育规范，能够做的就是生搬硬套政府部门的制度规范，不能做出相关的配套制度规范。即使制定出相关的制度，但在具体规定方面做得并不到位。第一，高校在制定相关规章制度时，并没有充分地考量大学生的实际情况，缺乏与大学生的沟通；第二，规章制度的相关规定并不是基于学生未来的全面发展进行考虑，而是基于更方便管理者的管理来制定，制度的内容更多的是关于如何处罚，显得过于机械和单调；第三，高校在制定规章制度的过程中机械地将国家在相关方面的规定照搬，自主性很差，没能做到“因校制宜”；第四，高校缺乏突发事件的早期预警机制，缺乏学生思想政治突发事件完备的应急预案。总之，正是因为制度和管理的缺位，最终没有真正形成加强学生思想政治教育的合力。

思想政治理论课管理弱化。目前，大学生思想政治教育工作的机制不完善，尤其是对如何最大限度地依靠法律、制度、政策来保障学生思想政治教育工作，还显得比较薄弱。一些高校在深化改革中普遍将思想政治教育工作的管理降格或弱化。据福建省的一份调查显示，全省高校中思想政治理论课与院（系）同等独立设置的只有厦门大学、集美大学、福建医科大学、莆田学院4所，其他均被撤销并降格到院（系）二级机构建制，有的甚至没有建制。思想政治理论课教师占专任教师比例不到5%，却承担着10%以上的教学任务。

三、高校思想政治教育的内容没有很好地体现科学性和人文关怀

思想政治教育工作应注重人文关怀，既要坚持教育人、引导人、鼓舞人、鞭策人，又要做到尊重人、理解人、关心人、帮助人。教育人、引导人、鼓舞人、鞭策人，是思想政治教育工作注重人文关怀的任务与目标；尊重人、理解人、关心人、帮助人，是思想政治教育工作注重人文关怀的基本要求和原则。尊重人，就是要尊重人的基本权利和尊严，人的个性和爱好，人的劳动、知识、文化和创造。

理解人，就是要理解人的本质和社会属性。关心人和帮助人直接体现了解决思想问题和解决实际问题的统一。关心人，要关心人的利益，要关注民生，关心群众疾苦，切实解决人民群众在学习、工作、生活、教育、医疗等方面遇到的各种实际困难和问题。关心人、帮助人，要特别注意关心、帮助底层民众及贫困人口。在高校要注意关心帮助贫困学生，切实解决他们的困难，为他们提供基本的生活、学习条件，还要关注并促进高校毕业生的就业工作。尊重人和理解人是做好思想政治教育工作的基础，关心人和帮助人是做好思想政治教育工作的关键。

近几年来，我国个别高校尤其是一些民办私立学校庸俗化现象比较严重，充斥着功利主义、实用主义等不良现象，这种局面的形成对高校思想政治教育工作产生了不小的冲击，同时也玷污了高校的文化氛围和学术氛围。目前，高校思想政治教育主要通过开设课程的形式展开，在课堂讲授的过程中，普遍存在着唯“书本论”的说法，整个教学过程缺乏科学精神和人文精神。甚至为了应付考核，将思想政治教育的理论条例化，这样的确是政治鲜明，层次清楚，重点突出，方便记忆，但是普遍表现为学术水准低，人文精神不足，人文关怀不够。从一定意义上来讲，高校思想政治理论课，也应该具有人文教育课的内容和属性。只有这样，高校思想政治理论课才能与人文课程相结合，从而产生一加一大于二的整体效应，这样更有利于高校思想政治教育的展开。

我国古代就有“以人为本，本治则国固，本乱则国危”等思想，这其中蕴含着浓重的人文关怀。所以，高校在进行思想政治教育的过程中一定要注意“三个结合”：一是将高校的人文情怀的内容与思想政治教育内容相结合；二是将思想政治教育工作者的人文情怀与大学生的个性化相结合；三是要在注重人文关怀的同时，坚持科学精神，将人文精神与科学精神统一起来。应该以进行思想政治教育为桥梁，努力将高校建设成为科学的渊薮和人文的殿堂。

四、高校思想政治教育的工作方法存在简单化、机械化倾向

在高校大学生思想政治教育工作中，受教者主体地位的缺失使人文关怀失去了施教的根基，受教者自我需要的缺失使思想政治教育工作失去了人文关怀的回应机制，受

教者亲临接触的缺失使思想政治教育工作失去了人文关怀的场景支撑。大学生思想政治教育工作中的人文关怀是发挥思想政治教育立德树人功能的必然，是大学教育更加开放与多元的要求。为此，彰显大学生思想政治教育工作中的人文关怀，要注意塑造学生独立的人格，满足学生不同层次的需要，把人文关怀贯穿于大学教育的全过程，不断增强思想政治教育工作中人文关怀的实效性。

在高校思想政治教育的过程中，由于缺乏人文关怀，取而代之的是机械的、简单的教育方式，所以思想政治教育的实效性并不能令人满意。这样，由于教育不当造成的高校思想政治教育的“后天不足”问题比较严重，致使部分学生在理想信念、道德素质、思想观念、法制信念、心理健康等方面存在不同程度的问题。要想促进大学生思想政治教育工作的改善，首先要做的就是“推陈出新”，不失时机地进行思想政治教育模式改革，坚持以人为本，注重人文情怀，关心大学生的个体成长，尊重大学生的主体性发展和个性发展。

世界上最浩瀚的是海洋，比海洋更浩瀚的是天空，比天空更浩瀚的是人的心灵。高校思想政治教育工作关乎民族兴旺发达，关乎青年一代的理想信念，关乎社会繁荣稳定。在新媒体技术不断进步和迅速普及的当今社会，作为人类心灵工程师的高校思想教育工作者，更是责无旁贷，定当以国家兴旺发达为己任，以大学生的身心健康成长为己任，扬长避短、再接再厉、积极奉献，让美好的心灵绽放出绚丽多彩的理想之花。

第三节　新时期大学生思想政治教育的模式

一、大数据在大学生思想政治教育中的作用

大数据给社会进步、行业改革带来了前所未有的发展动力，在这样的时代环境下，高校作为新技术研究和应用的前沿阵地，可以充分利用大数据的优势促进高校改革发展，尤其是在高校学生思想政治教育工作中发挥其作用。

（一）大数据可提高大学生思想政治教育的时效性

大数据的“数据”大部分来源于各种信息平台，大数

据将各种信息平台的数据进行汇集，实现无缝链接，通过一定的技术手段对这些数据进行挖掘。如今大学生已经基本普及手机、计算机等网络终端，高校校园互联网通过有线、无线网络的无缝隙覆盖，使大学生可以随时随地通过各种网络平台显示自己的思想行为。相同情况下，针对大学生思想行为的数据收集、分析、反馈，也在同步进行，作为高校思想政治教育工作者则可以及时通过系统平台获知大学生的思想行为动向，并做出快速的反应。与传统的获知方法相比，大数据系统平台突破了时间、空间的壁垒，提高了高校思想政治教育的成效。

（二）大数据可扩大大学生思想政治教育的覆盖面

1. 扩大大学生思想政治教育的工作对象

随着近几年高校的扩招，高校学生人数急剧上升，而相对的师资力量则还未跟上，尤其是在学生管理方面的师资。目前，还有很多高校专职辅导员与学生人数的比例没有达到教育部要求的师生比，辅导员作为大学生思想政治教育工作的主力，同时还需要承担繁重的事务性工作，其工作压力和强度已经影响到大学生思想政治教育工作的成效。对于高校短时间内无法改变这一现象的情况，大数据技术的应用无疑是一支强心针，在不改变师生比的现状下，借助大数据系统平台，可以关注更多的学生和处理更多的事务。

2. 扩大了大学生思想政治教育的研究范围

随着高校思想教育的细化和深入，研究环境和研究对象都发生了变化，对应的研究工作也必须紧跟而行，文献法、访谈法、问卷法、观察法等传统的研究方法在运用过程中有一定的局限性，从而影响到研究的质量。受地域、人力、经费等诸多因素的影响，在研究高校思想教育的课题时，研究者只能在有限的样本空间里选取较少样本数量进行问题定性分析，并提出课题的研究结论。然而，在此研究中，样本空间和数量的选取将直接影响研究结论的准确性和适应性。而在大数据技术的支持下，研究者利用大数据平台，借助网络轻而易举就可以扩大研究样本的空间和增加调研对象的数量，所研究的内容也更加具体和深入，因而所获得的数据和分析的结论更具准确性、科学性和适应性。

（三）大数据可拓宽大学生思想政治教育的新途径

大学生思想政治教育是高校的重要工作之一，高校在加强大学生思想政治教育方面非常重视，但贴着“〇〇后”标签的当代大学生所特有的特征给思想政治教育工作带来挑战，他们喜欢“宅”“碎片化”“网络”等，传统的思想政治教育途径已经很难进入他们的内心世界，思想政治教育工作者也很难了解或掌握到准确的信息。而在当今大数据环境下，思想政治教育工作者结合传统思想政治教育方式，利用大数据技术改变了思想政治教育的成效。例如，传统调查方式的信息收集转变为了数据平台汇集，思想政治教育工作者有效地避免与大学生面对面交谈所带来的压迫感和距离感，进而能够采集到更加全面的数据信息，并且通过大数据技术挖掘出这些数据信息中大学生某些心理发展规律或行为变化趋势，以便提前介入或者进行预警。

二、大数据环境下大学生思想政治教育模式的构建

从大数据的主要特征可以看出，大数据技术对大学生

思想政治教育来说有很大的促进力，也为大学生思想政治教育带来一个很好的机遇。笔者试从当下大学生的特性和高校普遍校园网络条件下，构建出大数据环境下大学生思想政治教育模式。

（一）模式构建的思路

该模式的构建思路是将各种信息平台进行无缝对接，并把各类信息数据汇集在大数据平台，利用大数据技术对汇集的数据进行特定算法的分析和加工，以寻找出隐藏在海量数据中的对于加强思想政治教育有价值的信息，也就是将思想教育工作者之前的研究对象转化为由其所产生的数据，从这些抽象的数据中发现规律，并应用于具体的工作中。

该模式框架主要是将大学生在日常使用的校园各类信息系统所产生的数据汇集在大数据共享云平台中，这些数据涵盖了大学生日常的学习、生活、兴趣、消费、健康、时间安排、活动地点等信息。大数据共享云平台对这些数据进行分析和加工，从中挖掘出大学生专业学习状况的决定性影响因素、同学之间人际关系的变化发展趋势以及身心状况的发展规律等重要信息。

（二）模式运用探究

1. 运用于学生个人对象

大数据来源于学生，也应用于学生。在学习方面，通过分析学生的学业成绩数据，可以发现学生学习状态的变化规律以及影响学习的其他因素，并对其成绩出现下滑进行及时预警。在生活方面，通过分析学生的消费记录数据，可以了解学生的生活经济状况的变化，为做好家庭经济困难学生认定工作提供科学依据，有效地帮扶家庭经济困难学生完成学业。在人际关系方面，通过学生各类时间的分配、网络在线情况、兴趣娱乐活动等，可以了解学生参与群体性活动内容和频率，从而推测其性格倾向，为做好分类指导提供前期参考。在就业指导方面，通过对学生在校行为轨迹、学业状态、就业情况等数据的分析，寻找出影响学生就业核心竞争力的因素，为做好学生的职业生涯规划和个性化就业指导提供重要的依据。

2. 运用于学生群体对象

大数据技术不仅实现了大学生个性化思想引导教育，

也能够在大学生群体行为导向上发挥积极的作用。目前，高校基本上实现了网络校园全覆盖，甚至提供了无线网络，学生通过这些网络访问互联网，此时大数据系统平台则可以对大学生网上的行为轨迹进行跟踪分析。例如搜索的热门关键词、频繁登录的社交网站以及转发量或浏览量较大的帖子等，思想政治教育工作者可以借助大数据平台的数据信息，及时了解和掌握学生关注的社会热点、对国内外突发事件的认识和态度。对学生群体的行为动向有了更准确的预判后，可以有针对性地把学生引向正确的舆论，及时化解矛盾冲突，维护好校园的安全稳定，引导学生的思想积极向上。

三、大数据环境下大学生思想政治教育工作的挑战

大数据技术带给社会巨大社会效益的同时，无疑也是一把“双刃剑”，给人们带来很多不好的影响。大学生思想政治教育工作也不例外，大数据技术的应用给其带来新的机遇，也会给其带来挑战，只有扬长避短，顺应时代发展，才能更有成效地开展大学生思想政治教育工作。

首先是对于思想政治教育主体的挑战。大学生思想政治教育的主体之一是高校思想政治教育工作者。大数据环境对当前所有高校思想政治教育工作者的信息化水平提出了更高的要求，为适应开展网络思想政治教育的需要，只有从思想上认识到网络技术对大学生思想政治教育的重要性、能力上能够使用网络技术，才能更好地运用大数据技术开展思想教育工作。

其次是对于数据安全性方面的挑战。大数据技术是基于大学生日常行为所产生的海量信息而挖掘有价值的信息，这些数据必然涉及学生的个人隐私，如何有效地保护这些数据和避免侵犯学生的隐私权，仍然需要我们认真去探索研究。

第三是对于预判的准确性方面的挑战。虚拟网络具有开放性、隐蔽性，这样一方面给信息的传播带来便利，另一方面则会影响到信息精准性。大学生在网络世界产生的数据复杂多样，除了有直观、具体可用的信息数据外，还有大量的非结构性的信息，例如视频、图片。这些信息不仅容量大、内容多，而且在数据格式上各式各样，在分析过程中因此可能出现误判，因而有可能影响到对大学生思想行为预判的精准性。

大数据技术为高校思想政治教育工作者的教育途径开辟了一个新的领域，虽然在运用的过程中我们会碰到诸多问题和困难，但大数据技术作为信息时代的发展趋势，我们需顺应时代潮流，提高自身综合素质，将大数据技术与大学生思想政治教育工作有机结合起来，扬长避短，为培育优秀学生做出应有的贡献。

第三章　大学生思想政治教育工作创新研究

第一节　大学生思想政治教育在高校教育中的特殊地位

在和平与发展成为两大主题的时代，全球性科技与经济竞争日趋激烈，一些发达国家将科技进步作为称霸世界经济甚至主宰整个世界的首要工程来组织实施，而更多的发展中国家也越来越认识到，如果没有科学技术水平的提高，如果不以先进的科学技术来不断地武装生产力，就不能从整体上发展国家的综合国力，就不能振兴一个民族。然而，科技的竞争、经济的发展、综合国力的提高，归根结底要由高素质的人来完成。因此，发达国家也好，发展中国家也好，都把培养高素质的新型建设人才作为进一步壮大国势的根本。这样的现状，对我国提出了专业教育模式必须向适应型复合式素质教育转变的新要求。《面向21世纪教育振兴行动计划》中提出：实施跨世纪素质教育工作，整体推进素质教育，全面提高国民素质和民族创新能力，要从总体上提高国民的综合素质。这里所谓的综合素质，从一般的意义上讲，主要包括政治思想素质、社会公德素质、人文知识素质、专业技术素质等几个方面。其中政治思想素质是第一素质，这是由一个政党、一个国家、一个民族培养接班人的根本原则和目标所决定的。现阶段我国教育界很多的学者专家，或就自己的从教经历出发，或从我国现代化建设实际出发，或参照一些发达国家加强素质教育的具体做法出发，从不同的角度提出了很多适合我国当代现状的素质教育方案与对策，都认为必须把政治思想素质教育放在首位。关于对政治思想素质要求的内涵，不同的国家由于意识形态的不同而不同。社会主义国家有社会主义国家的标准，资本主义国家有资本主义国家的标准。从马克思主义者的观点讲，一个人只有在具备良好的政治思想素质的前提下，才能将自己所学到的专业技能运用于祖国的建设事业，才能为民族的振兴贡献全部力量，也才能为人类的正义与进步事业积极努力。

一、充分认识新时期高校政治思想素质教育的重大意义

我国是社会主义国家，我们的大学是共产党领导的社会主义大学，我国人民民主专政的社会主义性质决定了我们培养的人才必须具有坚定的共产主义信念，牢固树立马克思主义世界观和人生观，愿为党的事业和社会主义事业奋斗到底。

从马克思主义辩证唯物论的观点看，人的正确思想和世界观的形成不是先天的，而是通过后天的教育引导不断形成发展起来的，并且随着时代的发展和社会的进步而不断地发展变化。青年一代是民族的希望和祖国的未来，我们党领导全国各族人民经过千辛万苦所开创的伟大事业，就是要靠一代又一代青年不断地去完成、去振兴。而大学

生是社会公民中接受教育时间较长、掌握科学文化知识较多的高素质的劳动者，他们将来所承担并完成的事业技术性较高，其中的佼佼者对社会的发展与进步所发挥的作用是一般劳动者所不能代替的。他们的思想和世界观、人生观正处于培养形成阶段，具有很大的可塑性，如果不以正确的思想和社会主义道德标准去教育和引导他们，那么，他们就不能树立远大理想和坚定的共产主义理想，即使具有很高的技术技能，也不能为人类的和平与进步事业做出积极贡献，更不能承担起历史所赋予的光荣使命。所以说，实施素质教育，不仅能使他们掌握较高的现代科学文化知识，更重要的是把他们培育成为具有坚定信念和高度爱国意识的共产主义者。这是我们党在接班人培养中坚持的根本原则。

二、素质教育中把德育放在首位是党的教育方针的核心

我国人民自古以来就具有重视思想道德修炼的美好传统。古代的思想教育家孔子说过："弟子，入则孝，出则弟，谨而信，泛爱众，而亲仁。行有余力，则以学文。"他所提

倡的品德修炼，其内容的要求高度与我们今天倡导的“德”有所不一，但内涵是基本一致的。

自新中国成立以来，我们党始终贯彻德智体全面发展的教育方针，以培养有社会主义觉悟的、有文化的劳动者为目标，培养出了一大批具有坚定的共产主义信念、对党的事业无限忠诚的社会主义事业的建设者。他们中有在科技领域做出杰出贡献的钱学森、陈景润等，有忠实的人民公仆焦裕禄、孔繁森等，还有无数的无名英雄。

综上所述，我国高等教育中实施素质教育，必须始终不渝地贯彻党的教育方针，高度重视思想道德素质教育。不仅要使学生学到适应现代化建设需求的业务技术技能和处理、解决复杂问题的能力，更重要的是教育他们树立坚定的共产主义信念，树立正确的人生观和价值观，在政治上、业务上健康成长，为将来走向现代化建设主战场打下坚实的思想基础和业务基础。

第二节　加强辅导员队伍建设，促进大学生思想政治教育

一、高校辅导员的主要工作职责

高校辅导员是高等学校教师队伍的重要组成部分，是开展大学生思想政治教育的骨干力量。教育部 2006 年颁发的《普通高等学校辅导员队伍建设规定》(以下简称《规定》)中明确规定了辅导员的主要工作职责，简单地归纳，有如下几个方面：

1. 帮助高校学生树立正确的世界观、人生观、价值观，积极引导学生不断追求更高的目标，确立马克思主义的坚定信念。

2. 帮助高校学生养成良好的道德品质，提高思想认识和精神境界。

3. 了解和掌握高校学生思想政治状况，针对学生关心的热点、焦点问题，及时进行教育和引导，维护好校园安

全和稳定。

4. 落实好对经济困难学生资助的有关工作。

5. 积极开展就业指导和服务工作。

6. 发挥学生班集体在大学生思想政治教育中的组织力量。

7. 做好经常性的思想政治教育工作，在学生中间开展形式多样的教育活动。

8. 指导学生党支部和班委会建设，做好学生骨干培养工作，激发学生的积极性、主动性。

二、辅导员队伍建设现状

（一）辅导员数量配备不足

根据《规定》，高校应按师生比不低于 1∶200 的比例设置本、专科生一线专职辅导员岗位。但是在实际工作中，许多学校辅导员数量配备不足，这给辅导员的工作造成了极大的压力，使辅导员陷于繁杂的日常事务性工作中，没有足够的时间和精力对学生进行耐心细致的思想政治教育。

（二）辅导员队伍结构不合理

随着学生人数的不断增加和原在职辅导员不断转岗，各高校每年都在招聘应届毕业生做辅导员，高校辅导员队伍逐渐年轻化。其次，近年来高校辅导员多注重学历，研究生学历的辅导员越来越多，但其中却少有思想政治教育专业、马克思主义理论专业等与学生思想政治教育相关专业的毕业生。

（三）辅导员工作职责划分不明确

高等学校学生的工作性质和特点决定了辅导员工作难以定位，职责划分十分模糊，只要是与学生有关的事情似乎就都与辅导员有关，辅导员不仅承担着学生的日常管理和思想教育工作，也承担了大量额外的行政事务工作。繁杂的事务性工作占去了辅导员的大部分精力和时间，使他们很难专心从事学生的思想政治教育，无暇潜心研究大学生思想政治教育面临的新形势，创新思想政治教育新方法。

三、加强辅导员队伍建设，推进大学生思想政治教育

《中共中央　国务院关于进一步加强和改进大学生思想政治教育的意见》明确提出，加强和改进大学生思想政治教育是一项重大而紧迫的战略任务。思想政治教育工作队伍是加强和改进大学生思想政治教育的组织保证，辅导员是大学生思想政治教育的骨干力量。因而加强辅导员队伍建设，对于推进大学生思想政治教育工作具有重要而深远的意义。

为加强辅导员队伍建设，各高校应建立长效保障机制。首先是辅导员选聘上应严格标准，按照1∶200的师生比的要求配备一线专职辅导员，并不断优化辅导员队伍结构。第二，应明确辅导员的工作职责，找准辅导员的角色定位。各高校应按照《规定》的要求，根据本校实际，制定辅导员工作条例，明确辅导员工作职责，使辅导员从繁重的日常事务性工作中解脱出来，专心于学生的思想政治教育工作。

如前所述，加强和改进大学生思想政治教育是高校学

生工作的重中之重，关系到党和国家未来的建设和发展。而做好辅导员队伍建设，又是加强和改进大学生思想政治教育工作的重点和关键，是高校又好又快发展、构建和谐校园的突破口和着力点。可见加强辅导员队伍建设意义之深远。

当代大学生思想政治状况主流是积极、健康、向上的，他们热爱党，热爱祖国，热爱社会主义。但也有部分学生理想信念缺失，国家和民族意识淡化。只有加强辅导员队伍建设，提高辅导员工作能力，才能使辅导员在面对大学生多样性的思想时应对自如，有能力与学生沟通和交流，加强大学生思想政治教育的针对性，创新教育理论和思路，开创大学生思想政治教育的新局面。

第三节　工匠精神在高校思想政治教育工作中的渗透

高校大学生正在积极学习工匠精神中的优良道德品质和职业素养，所以为了鼓励大学生学习工匠精神中的优良道德品德和职业素养，就需要将工匠精神逐步渗透到高校的思想政治教育内容中。这一节将围绕工匠精神渗透到高校思想政治教育中的重要性进行阐述，针对工匠精神在向高校思想政治教育渗透过程中存在的问题进行分析探索，并提供一系列有效解决措施。

一、将工匠精神渗透到高校思想政治教育中的必要性

工匠精神是高校思想政治教育中不可或缺的一部分。以下内容主要是从工匠精神的精华、核心以及对大学生职业素养形成的影响三个方面进行分析。

（一）工匠精神的精华

工匠精神的精华就是专注。专注的概念就是一定要把这件事做好，并且在做事的过程中要细心、耐心、执着。坚持、专注的精神是成为大国工匠必备的精神品质。从大国工匠在工作过程中的实践情况来讲，工匠精神中的专注是十年如一日的执着和坚持不懈。一旦选择从事某种行业就需要全神贯注地投入其中，并且在细节上不断地积累经

验，直到成为该领域的佼佼者。

（二）工匠精神的核心

工匠精神的核心是精益，精益就是我们常说的精益求精，具备精益精神的工匠对产品生产的每一个过程都能够将品质追求到极致。精益求精不仅要做好，而且要做得更好，即使小到微不足道的一个零件也要做到极致。

（三）对大学生职业素养形成的影响

让大学生对工匠精神有深入的了解，可以帮助大学生形成健康的人格，塑造正确的职业素养。工匠精神的内涵分别是专注、敬业、精益和创新。大学生只有对工匠精神的内涵有深层次的了解，才能够在日常的学习和工作中将工匠精神贯彻到其中，让大学生树立敬业的精神。

二、将工匠精神渗透到高校思想政治教育中采取的措施

（一）培养学生对工匠精神的学习兴趣

为了使工匠精神在高校思想政治教育渗透过程中更加

顺利，首先就需要提高高校领导对工匠精神学习的重视程度，并且还要意识到工匠精神具有帮助学生形成良好道德素养的优势。其次，高校思想政治教育工作者在对学生进行工匠精神渗透的过程中，可以使用多媒体技术，让高校大学生观看一些与大国工匠有关的纪录片。通过观看大国工匠的纪录片，可以让学生真实感受到工匠精神的震撼，还可以改善高校思想政治教育课堂的氛围。思想政治教育工作者给高校大学生营造良好的工匠精神学习氛围，也有利于提高高校大学生学习工匠精神的积极性，从而加快工匠精神在高校思想政治教育中的渗透进程。其次，高校为了加强学生对工匠精神的认识，可以将工匠精神渗透到学生的日常生活中。比如：学校的广播里可以播放一些与工匠精神有关的文章；学校可以在展示栏里展示一些大国工匠的事迹；学校可以组织学生进行工匠精神内容的知识竞赛。由此我们可以看出，培养学生对工匠精神的学习兴趣是促进工匠精神渗透到高校思想政治教育中的主要动力。只有高校大学生对工匠精神感兴趣，才能够确保工匠精神的教学在思想政治教育工作中顺利开展。

(二)将工匠精神的教学方式进行创新与改革

为了使得高校大学生更容易接受工匠精神的学习，高校可以依据时代的发展对工匠精神的教学方式不断地进行创新与改革。比如：高校思想政治教育工作者不应该只让工匠精神的教学方式局限于课堂。高校思想政治教育工作者在对高校大学生进行工匠精神教学的过程中，可以充分利用网络时代的优势，将自己所制作的工匠精神教学课件传到班级的微信群中，让学生在空闲时间自由地学习工匠精神。高校思想政治教育工作者还可以将工匠精神引入大学生的生活实践中。高校思想政治教育工作者可以带领大学生到工厂进行参观学习，让学生在日常生活中直观地感受到工匠精神在企业生产过程中发挥的作用，以及工匠精神在工匠身上的体现，从而促进高校大学生学习的兴趣。除此之外，为了能够及时地了解高校大学生对工匠精神学习的实际情况，高校思想政治教育工作者可以在课堂上增加与学生交流沟通的机会，这样有利于高校思想政治教育工作者对大学生的精神层面有一个深入的了解，从而针对大学生思想层面的问题有针对性地开展思想政治教育。

（三）不断提高高校思想政治教育工作者的职业素养

为了使高校思想政治教育工作者能够与高校大学生形成一个良好、亲密、生动、活泼的师生关系，需要高校思想政治教育工作者做到以下几点：

1. 形成良好的学生观

高校思想政治教育工作者形成良好的学生观，可以确保高校思想政治教育工作者在教学的过程中发挥高校大学生的主体性，逐步成为高校大学生学习的促使者和引领者。

2. 发扬教学的民主性

为了摆脱传统的高校思想政治教育工作的影响，高校思想政治教育工作者在教学过程中可以充分发挥教学的民主性，让高校大学生依据自己的意愿进行工匠精神的学习。民主性的教学不仅有利于体现新时代教学让学生成为课堂主体的标准，还有利于让高校思想政治教育工作者及时了解学生主观意愿，在开展工作过程中更具针对性。

3. 完善高校思想政治教育工作者的综合素养

为了使工匠精神在高校思想政治教育工作中的渗透进展得更加顺利，需要思想政治教育工作者能够不断完善自身的综合素养。完善思想政治教育工作者的综合素养不仅要求思想政治教育工作者能够及时学习时代发展带来的工匠精神知识内容，还要求思想政治教育工作者能够不断地对工匠精神思想政治教育课堂的教学方式进行创新，也要确保自己的教学方式能够适用于现代高校大学生的学习状况。除此之外，为了激励和监督高校工作者的综合素养提升，学校还需要对高校思想政治教育工作者进行理论知识和技能的培训，以确保高校思想政治教育工作者的思想层面和教学方式符合高校和社会发展的需求。

4. 加强与学生的交流沟通

高校思想政治教育工作者的工作主要是对高校大学生的思想进行塑造和维护，所以可以通过与学生的交流沟通来了解学生的思想精神。高校思想政治教育工作者需要带着教学目的与学生进行交流沟通，确切地了解学生工匠精神学习的实际情况，然后再对学生进行针对性的教学。

第四章　不同背景下的大学生思想政治教育创新研究

第一节　构建和谐社会背景下的大学生思想政治教育创新

构建和谐校园是高校思想政治教育创新的实现途径，构建和谐校园是构建和谐社会的重要组成部分，是构建和谐社会的示范区。构建和谐校园应从五个方面寻求突破口。

1. 创建和谐的人际关系，这是构建和谐校园的重要内容。和谐的人际关系应该是民主平等、团结协作。高校思想政治教育工作者应该用党内民主带动校内民主，以同志情怀促进人格平等；尊重学生的创造性和人格尊严，做团结的模范、民主的先锋。

2. 建立良好的师生关系，这是构建和谐校园的保证。高校思想政治教育工作者应该把热爱学生作为本职工作的体现，应该把甘为人梯作为本职工作的实现形式。

3. 形成良好的工作氛围，这是创建和谐校园的根本途径。这种工作氛围应该是尊重人才、尊重创造。高校思想政治教育工作者应该做尊重人才的中坚、尊重创造的先锋。

4. 创建良好的育人环境，这是创建和谐校园的根本目标。和谐校园的育人环境应该是管理有序、运转协调、安全稳定的。高校思想政治教育工作者应该在有序管理中发挥核心作用，在运转协调中发挥传导作用，在安全稳定中发挥骨干作用。

5. 要充分体现大学的文化精神。和谐校园的文化精神应该是以人为本、充满生机、富有科学理性的。

一、学生始终是构建和谐校园的重要因素

构建和谐社会、和谐社团、和谐校园是我们社会建设

的近期目标。构建和谐校园是教育规律的体现。学校教育、社会教育、家庭教育之间的不和谐现象损害了学生的身心健康，与此同时，学生教育的诸多因素也严重影响了和谐校园的构建，学生始终是构建和谐校园的重要影响因素，我们必须把培养学生的一切工作放在校园建设的首位。

所谓的和谐校园是一种以和衷共济、内和外顺、协调发展为核心的素质教育模式，是对各种教育要素整合优化的育人氛围。学校的发展离不开学生的发展，和谐校园的构建离不开学生各方面因素的均衡发展。进行思想政治教育、改变教育思想和教学观念、改善教育形式、搞好思想政治教育工作、处理好教育主客体的地位关系、进行心理健康教育等工作都是以学生这一主体为中心的。学生个性的全面和谐发展、构建和谐的校园文化、协调学生比例、健全学科建设及探讨就业模式，也是以学生这一主体为中心，这几方面工作做得好坏，直接影响校园的和谐发展。构建和谐校园是时代的必然趋势，我们必须一以贯之，把学生的发展放在首位。

（一）学生个性的全面和谐发展与和谐校园的构建

和谐校园的构建最终要落到学生身上。学生个性的全面发展是构建和谐校园的重要标志。当代思想教育的基本宗旨是培养人的自我生存能力，促进人的个性全面和谐发展。既要培养适应社会需要的各种人才，又要培养具有鲜活个性的多样化人才，使学生的潜能、兴趣、爱好、特长得以充分发挥，使学生的知、情、信、意、行等多方面协调发展，把校园改造成由个性得到全面和谐发展的学生组成的和谐校园。和谐的校园文化包括基础设施文化、自然人文环境文化、以人为本的制度文化、教师文化、学生文化。其中学生文化是和谐校园文化的主流，没有学生参与的文化，不能称其为学校文化。建设个性完善、人格健全的学生文化，直接影响着和谐校园的人才培养。从内容上说学生文化包括德育文化、学习文化、综合实践活动文化、文娱体育和审美文化、生活与心理卫生文化等。在学生文化建设的实践中，应坚持育人为本，使学生在人格上得到尊重；学习上自主、主动参与和探究；生活上自律，主动自理与服务；行为上自律，主动约束与反省。完善学生文化本身的协调发展是建设和谐校园文化的基础，学生的培养离不开协调的学生文化，离不开和谐的校园文化。

（二）大学生思想政治教育的诸多因素始终影响着和谐校园的构建

大学生思想政治教育存在诸多方面的不和谐，如教育形式单一、教育的主客体地位不平等、教育工作脱离实际、心理健康教育受到忽视等。这些因素影响学生全面和谐发展的同时，也制约了校园的和谐发展。

1. 改变教育思想和教学观念是构建和谐校园的指导性因素。传统教育思想和教学观念的弊端之一是专业划分过窄，知识分割过细，课程设置过分定向，致使学生的知识结构单一，视野狭小，思维迟钝，在新事物、新情况面前缺乏应变性和解决问题的能力。其弊端之二是在市场经济条件下，人才流动大，职业转换频繁，甚至在很多部门和单位，职业的概念已经模糊，用人单位对专业对口的要求大大放松了，而大学生思想意识与文化知识相互脱节。在这种情况下，我们必须实施素质教育，把思想教育、专业教育与知识教育相结合，注重与相邻学科专业知识衔接的同时，决不放弃思想政治教育，从而造就品学兼优、德才兼备、适应性强的合格人才，构建与和谐社会相匹配的和谐校园。

2. 改变思想政治教育形式是构建和谐校园的根本因素。说教的教育方法是一种较为传统的教育方法，它的弊端是缺乏师生互动，不能激发学生兴趣，教育效果收效甚微。我们可以通过诸多方式进行思想政治教育，坚持说教与体验相结合的原则，坚持教育形式科技化、现代化的原则。当今的世界是开放的世界，是科技飞速发展的世界。互联网的出现使整个世界变成了一个地球村。应用互联网可以缩小空间，缩短时间，达到直观教育的效果。进行思想政治教育，首先应选择互联网进行教育，但是也应引导学生正确地使用互联网，杜绝学生受互联网的不良影响及产生负面效应。另外，可以开展各种实践活动，对大学生进行思想政治教育。要做好思想政治教育工作必须通过循循善诱的分析和说理，采用思想引导、政治教育、宣传活动的方式，解决大学生政治信仰、价值教育、理想观念、伦理道德等思想问题。只有这样才能增强学生在校园生活和社会生活中的体验，把思想认知与情感体验紧紧结合起来，达到知、情、信、意、行的内在统一。

3. 做好大学生群体的思想政治教育工作是构建和谐校园的基础。进行大学生思想政治教育工作首先要正确地认识学生群体，分析学生群体。为学生服务的思想政治教育工作，不能脱离学生的实际情况，不能搞“一刀切”。要具体问题具体分析，从而引导学生的可行性和共性的和谐发展。现在的大学生来自五湖四海，有不同的家庭背景，经济状况有差异，性格也存在着差异，因此会出现诸多不同的个体和群体，这些群体有贫困生群体、学习困难群体、独生子女群体、心理障碍群体等。针对这些不同的群体，要采取不同的教育方法进行思想政治教育，不能脱离这个实际，要正确处理这些特殊个体、特殊群体之间的关系，使学生之间、师生之间建立和谐发展的关系，促进校园的和谐发展。

4. 处理好教育主客体地位的关系是构建和谐校园的重点。在思想政治教育过程中，教师是教育主体，学生是教育客体。传统的教育模式的简单说教、生硬灌输、强制接受显然忽视了学生的主体地位，缺乏对学生的关心，未能实现与学生的平等交流。因此，我们要构建教育主体与教育客体间和谐的平等关系，就必须尊重学生主体意识，树立以学生为本的思想政治教育工作理念。充分发挥学生的主体性和主观能动性，即在发挥教师的主导作用的同时，更要重视学生的主体性，放手让学生进行自我教育、自我活动，协调教育主客体互动的关系，以大学生全面发展为目标，深入进行素质教育，遵循以学生为主体、以教师为主导的教学规则。

5. 进行大学生心理健康教育是构建和谐校园不可忽视的因素。长期以来，心理健康教育没有走入课堂是普遍的现象，高校没有设立全校性的心理健康教育选修课是一个极大的弊端。因为这门课程能系统地为学生提供科学有效、实用的心理学技术和方法，促进学生的心理成长与潜能开发，增进学生社会适应能力。为什么会有那么多的学生有心理问题呢？社会竞争的压力，家庭教育与学校教育的局限性以及个人性格发展的限制，都会造成应对挫折的能力的差别。当突发事件发生时不会自己处理，非常无助，必然产生绝望心理。为了防止他们产生过激的行为，需要广大师生及心理咨询专业人员共同参与，更重要的是在全国各高校普及心理健康教育选修课，促使学生身心健康得到全面协调发展。只有这样，才能构建由心理健康的学生群体所组成的和谐校园。

（三）大学生层次比例、健全学科建设与和谐校园的构建

我国部分高校本、硕、博的比例不协调，甚至一些高校的硕士、博士教育刚刚起步，这是急需排除的一大弊端。随着世界经济全球化和国内经济体制改革的深入开展，社会对人才的需要越来越多。一方面，为了与社会发展的步伐保持一致，我们必须加大硕、博比例，扩大硕士、博士研究生招生。另一方面，硕、博招生不能盲目地扩大，要有针对性。要针对社会的各行各业的需求适当地进行扩招，否则将形成高层人才的相对过剩，给国家和人才造成极大的损失，导致学校的发展、社会的发展失调。因此，我们不但要协调学生比例，还要加强学科建设，排除学科不健全的弊端。要排除以上弊端，必须采取以下措施。

1. 加强学科规划与学位点建设，不断增加学科建设与学位建设投入。

2. 重视学科梯队建设，造就一支高水平的学科梯队和

领导队伍是学科建设的根本保证。学校要根据学科建设发展的需要，将有发展前途的青年教师列入学科梯队进行重点培养，鼓励他们外出进修学习提高学历层次，扩大学术视野，在科研课题立项、申报经费资助等方面均向中青年骨干教师倾斜，促使他们快速成长。

3. 极大地发挥高级专家在科学研究、研究生培养、青年教师培养等方面带头人的作用，确保导师队伍和学科梯队始终保持合理的结构和较高的水平。积极有效地采取措施保证学科梯队的活力和研究生培养的质量。

4. 建设一批有一定实力和影响力的学科，增强高校在高层次人才培养和社会经济发展方面的能力，提高高校的知名度。由此观之，无论是学生比例问题，还是学科建设问题，都与学生息息相关，都影响校园的和谐发展。

（四）大学生就业模式与和谐校园的构建

大学生就业问题是高校与社会关注的焦点问题，是高校与社会连接的纽带和桥梁，是两者协调发展的调解器。因此，世界各国都重视这一问题。目前，世界大学生就业问题是世界大学校园普遍存在的问题。对于这一问题的解决，各国采取了不同的措施。据调查，国内外大学生就业趋势呈现以下不同的情形。

国内外大学生就业趋势的多样性，影响了和谐校园的构建。巴西大学生先就业后择业。大学生普遍认为毕业后只能先就业后择业，不管工作是否满意，都应先干起来，逐步积累经验，一边工作一边寻找自己所喜爱的工作。美国实行毕业生自主择业制度，设有专门大学毕业生就业市场，政府部门中也设有专门主管高校毕业和就业的机构。西班牙的大学不负责为毕业生提供任何就业线索，学生毕业就与母校再没任何关系，找工作靠自己，大学生通过实习找关系是未来实现就业的途径之一。加拿大鼓励大学生到艰苦地区工作，加拿大大学生找工作的途径有三种：第一种是求助于学校的职业介绍所；第二种是通过由校方安排的专业实习计划找工作；第三种是到学校或自己联系的单位实习然后工作。印度大学生自谋出路是主要选择。近年来，在经济不振，人才需求下降而高校毕业生逐年增多的情况下，大学生就业越来越困难，自谋出路是他们面临的选择之一。日本具有完备的就业机制。网络信息准确，在求职方面，网络作用明显，各种各样说明会到校招揽人才，政府预算支持。还有英国名校毕业生更有优势。尽管许多用人单位表示对名校和普通学校的毕业生并无偏颇，但实际上名校毕业生更有优势。俄罗斯大学生平静面对改行。大学生毕业后根据自己的实际工作进行相关专业的再学习和再培训是不可避免的，甚至这些大学生毕业改行是必然的。

与此同时，国内大学生就业趋势呈现出不同的情形：随着社会主义市场经济的发展，我国高等学校毕业分配正在实行少数毕业生由国家安排就业、绝大多数自主择业的制度。与此相配套，各地区及高等学校还相继开办供需见面会和毕业生就业市场，组织毕业生与用人单位进行双向选择，积极开展就业指导工作，为毕业生提供服务。针对国内外大学生就业趋势的复杂性，我们必须处理好大学生从校园步入社会的过渡阶段。

我们必须认清就业形势，教育大学生做好就业心理准备，使学生的身心发展与社会的发展相协调，为和谐校园构建坚实基础。

构建和谐校园始终与学生息息相关，学生的言行举止影响着和谐校园的构建。学生是校园的主人，校园是学生生活的家园、精神的乐园、成才的摇篮，构建和谐校园就要为学生的成才注入活力，提高教师教书育人的积极性和学生学习的主动性，促进师生身心健康，积极营造良好的育人环境。

二、正确处理和谐社会与和谐校园的关系

为了协调社会与学校的发展，应该构建这样一个和谐校园，即师生们生活的家园、精神的乐园、人才的摇篮。只有这样才能培养身心和谐、健康成长的合格人才，为建设和谐社会贡献一份力量。

我们的发展应该是经济、政治和文化的全面发展，应该是社会和人的自由全面发展。同时，发展应当是均衡协调的发展，包括经济领域与社会领域的协调发展，物质文明、政治文明、精神文明的协调发展。我们所构建的和谐校园是和谐社会的有机组成部分，那么和谐校园也应该是一个民主法治、公平正义、诚信友爱、充满活力、安定有序、和谐发展的文明校园。构建和谐校园，就是把学校建设成最适宜学生成长发展的生态系统，具备民主、科学、人文开放的育人环境，就是要使学校教育与社会教育、家

庭教育和谐发展。因此，我们必须采取有效措施处理好学校与社会的和谐关系，尤其是人才培养与服务社会的关系，最终达到培养合格人才的目的。

（一）促进大学生品德教育的针对性与法治社会的复杂性的和谐一致，培养品德高尚的人才

日益发展的社会主义市场经济和民主政治需要健全的法制推动、保障、引导，因此我国的法学教育才得以扩大和发展。我们党实行和坚持依法治国，努力实现国家各项工作的法制化、规范化，保证人民群众依照法律规定通过各种途径和形式，参与管理国家、管理经济和文化专业、管理社会力量，真正做到有法可依，有法必依，执法必严，违法必究，保证了社会主义各项事业顺利发展，但是思想政治教育也是不可忽视的。

思想政治教育是集伦理学、心理学、教育学于一体的综合课程，其目的是通过引导和帮助大学生树立正确的世界观、人生观、价值观、道德观、法制观，学会以科学的方法应对和解决生活、学习、工作中的实际问题，为将来服务社会奠定基础。思想政治教育是法治社会的基础，是

公民守法的基础。高校教育就是适合社会的需求，培养和输送德才兼备的人才，社会需要高新知识技术武装的人才，更需要品学兼优的人才。一个人只有知识而没有高尚品德不行，只有高尚的品德而没有知识也不行。所谓的“人才”既是指成人又是指成才。

当今社会是法治社会，校园是社会的一个有机组成部分。对大学生，不仅要进行思想教育还要进行法制教育，这样才能做到校园与社会的和谐。

要消除校园品德教育与社会法治的不和谐，构建和谐校园，必须采取如下措施。首先，进行品德教育要做到知行统一。荀子曰：“口能言之，身能行之，国宝也；口不能言，身能行之，国器也；口能言之，身不能行，国用也；口言善，身行恶，国妖也。”一方面，我们要言行一致，身体力行；另一方面，要千万警惕，不能让那些口言善、身行恶的人进入社会的上层，行凶作恶。我们进行思想政治教育就是要培养出理论与实践相结合，知行统一、表里如一、言行一致的人。其次，采用自我教育的方法。孔子《论语·学而》有云：“吾日三省吾身，为人谋而不忠乎？与朋友交而不信乎？传不习乎？”这种注重自我教育的思想和做法是可取的，是与法治社会的以德治国、依法治国的原则相和谐的。孔子《论语·里仁》有云："见贤思齐焉，见不贤而内省也。"这就是取人之长，补己之短，是思想政治教育的好方法。最后，要借鉴"慎独"的思想道德教育方法。《中庸》有言："莫见乎隐，莫显乎微，故君子慎独也。"这是培养锻炼坚强的道德信念和道德意志的好方法。大学生应该培养这种高尚精神境界以适合社会的需要。

（二）促进教学活动方式的渐变性与科技发展的迅速性的和谐，培养高科技武装人才

随着科技的发展，改革开放的深入开展，信息技术飞速发展，网络信息技术渗透到各个领域。工业方面需要信息技术管理控制指导生产。商业需要信息技术进行销售、订购等业务活动。教育部门也不例外，更需要借助信息技术进行教学管理，为了促进教学活动的渐变性与科技发展的迅速性的和谐，我们必须密切关注互联网对高校教育活动的影响。当前，网络对大学生思想观念、思维方式、行为模式、个性心理产生了广泛的影响，这就不可避免地给高校教育教学活动带来机遇和挑战。一方面，互联网以其

信息量大、传递方式便捷快速、辐射范围广大和高度的开放性、互效性等特点及优势，日益成为人们文化活动和思想传输的重要载体，成为高校教学活动的有益补充和机遇；另一方面，互联网是一个开放的信息传递系统，网络用户来自不同国家和地区，存在文化类型、意识形态、政治制度、价值观念等方面的差异，其内涵是多元的。由此产生的多元的网络文化给高校教育带来严峻的挑战。为了达到高校教学活动的渐变性与科技发展的迅速性的和谐效果，我们进行高校思想政治教育务必抓住机遇，不能墨守成规，不能抱住传统的说教方式不放，而要充分发挥信息网络技术的优势，将高校教育引入互联网，引进先进的教学方式，从学生的思想实际出发，深入探讨网络时代思想政治教育规律，减少网络负面影响，抓住机遇，促进教学方式与科技发展的和谐。另外，要普及多媒体教学，以取代传统的说教。多媒体教学具有生动形象的特点，对大学生具有具体、直接的教育作用。

随着科技的发展，社会需要掌握高技术的双边、多边人才。首先，必须加强对外交流与国际合作。加强对外学术交流，促进学校科研、教学和管理人员开阔视野，更新知识，了解前沿动态，追踪学科走向，进而促进校园发展与社会发展和谐。其次，聘用外籍教师，加强留学生教育和校际交流。学校与国外合作院校增进彼此的了解，加强学术交流与合作。通过建立长期稳定的校际交流关系，提高学校学术地位，扩大影响，增加学校在社会的知名度，加强与社会的融合。再次，促进文化交流。国际文化交流是传播友谊、增进友谊、感受文化、开阔视野的良好渠道。

（三）促进以人为本、全面发展的育人观念适时性与社会需求多样性的和谐一致，培养迎合社会需求的多边人才

以人为本主要包括两方面：一方面将人们的健康生存和全面发展，人的物质、文化、政治需求及其满足人的权益和幸福作为发展的目标和宗旨、中心和主线、出发点和落脚点；另一方面依靠人，即以广大人民群众作为发展的主体力量、根本动力、发展创造力和前进推动力，能够推动经济社会又快又好地发展。

总之，以人为本就是要造就人、善用人、造福人。造就人就是把人培养造就成合格的优秀的人才；善用人就是

在发展中努力使每一个人都能各得其位、各尽所能、各展所长；造福人就是提高人的生存水平、生命质量和幸福程度。

当今的高校教育就是要贯彻以人为本、全面发展的育人观念，就是要造就人，把人培养造就成合格的、优秀的社会建设者和历史创造者，以适合社会的需要，为社会输送更多的各种各样的人才。高校是社会的一个有机组成部分，它的发展与社会的发展息息相关。社会主义的经济体制改革使中国进入市场经济社会。市场经济社会是通过市场调节对资源起配置作用的，这里的资源不仅指物质资源也指人力资源。因此市场经济社会对人才的需求是多样的。高校教育是培育社会所需的各种各样的人才的教育，它不仅培养德、智、体全面发展的人才，培育有理想、有道德、有文化、守纪律的人才，而且还培养专业化特别强的各种人才，这恰恰迎合了市场经济社会的需求。

第二节 新媒体背景下的大学生思想政治教育创新

新媒体的快速发展，使思想政治教育工作在内容、形式、方式方法、手段等诸多方面发生了很大的变化，我们要适应时代发展的新特点和人们生活的新变化，在坚持传统有效手段的基础之上，不断拓展思想政治教育工作的渠道和空间。利用新的载体，积极探索新的工作手段，进一步增强思想政治教育工作的说服力、影响力、感染力、吸引力、凝聚力和战斗力。

一、依托新媒体创新大学生思想政治教育主体

当代社会，人们的生活越来越离不开大众传播，大众传播在为人们的生活带来积极影响的同时也不可避免地产生了一些负面影响。例如：一些怀疑党的领导、怀疑社会主义前途、否认改革开放成就的反动言论对人们的思想造成干扰；某些传媒片面追求市场效益，将低级、庸俗包括色情、暴力、凶杀等不健康信息带入传播内容中，更对人们尤其是青少年的心智造成腐蚀。这就需要高校思想政治教育工作者通过学习传播学的基本原理、掌握传播学的传播技巧等，进一步提高综合素质，培养一支“专家型”的思想政治教育工作者队伍，从而更加游刃有余、积极灵活

地利用大众传播载体做好思想政治教育工作。

一是更新观念。观念是行动的先导，要培养一支“专家型”的思想政治教育队伍，首先要以思想政治教育观念的现代化作为先导，切实转变思想政治教育工作者的观念。一方面，广大思想政治教育工作者要充分认识到大众传播是思想政治教育的有效载体形式，它在思想政治教育工作中发挥着重要的作用，思想政治教育活动要能够有效利用大众传播引起人们观念、要求、愿望、思维方式和生活方式等的现代化转变。另一方面，广大教育工作者也要意识到传媒时代为教育者带来紧迫感，必须培养一支既具有较高的政治理论水平、熟悉思想政治工作规律，又能掌握基础大众传播知识和技术、熟悉大众传媒特点的思想政治教育工作者队伍才能从容面对大众传播带来的各项挑战。因此，思想政治教育工作者要带着新观念和新认识进入传媒时代，认识大众传播。

二是学习传播学知识，掌握传播学技巧，掌握信息优势。所谓传播技巧，是指在说服性传播活动中为有效达到预期目的而采用的策略方法，是灵活运用一般传播原理、规律和方法所表现出来的具体而又特殊的传播方法，它是为传播内容、传播谋略服务的。传播技巧是传播理论的集中表现，是传播者高度政治素养和足够的经验知识的综合反映，通过运用相应的传播技巧，可以将要传播的信息意图传给受众，对于政治倾向性、社会性较强的思想政治教育工作，灵活运用传播技巧、方法来组织思想政治教育信息的传播，更是十分重要。作为信息时代的思想政治教育工作者要充分利用大众传播载体，就应该有意识合理地把传播技巧运用到思想政治教育活动中来，巧妙增强思想政治教育的传播效果。要迅速建设一支“专家型”思想政治教育队伍，要求广大的思想政治教育工作者认真、全面学习传播学知识，掌握传播学技巧，利用扎实的大众传播技术知识，结合实际特点开展生动形象、具有强烈的吸引力和感染力的思想政治教育，多渠道地开展思想政治教育工作。

大众传播的不同媒体具有各自不同的技术特点和优势，如何有效使不同传媒形成优势互补，在思想政治教育中发挥多种传媒的综合效应，也是我们思想政治教育工作者应该深入思考的问题。

1. 熟悉和掌握各类传媒特点，有针对性地开展思想政治教育工作。不同的大众传媒具有自己不同的特点，不同的受众对大众传媒的接受程度也不尽相同。例如传统传媒中，报纸、书籍等具有印刷信息量大、内容丰富深刻等特点，对受众的文化程度有一定要求，因此可以广泛适用于具有一定文化程度的受众，理论色彩可以稍浓；广播、电视等内容更新速度快，受众面比起书籍等更加广泛，对受众的文化程度也没有一定要求，因此运用广播、电视进行思想政治教育时应该避免使用晦涩、难懂的词语，尽量运用间接、明快、通俗的语言。所以，在思想政治教育工作中，应当根据不同受众的需求和实际情况，采用符合其接受特征的传媒方式，通过大众传播更好地为不同类型、不同层次的教育对象进行理论教育，真正发挥其作用。

2. 运用多种传媒进行优势互补，全方位开展思想政治教育。众所周知，大众传媒的一个突出优势就是形式多样，报纸、电视、广播、网络都可以独立作为思想政治教育的有益载体，并且灵活地发挥教育作用。因此，思想政治教育工作者应当充分利用各种传媒手段，加强各种媒体的思想、政治、道德导向，注意在大众传播的多种形式中渗透思想政治教育内容，使学生在不知不觉中受到思想政治教育的影响，从而在潜移默化中提高自己的思想道德素质和精神文化品位。另外，思想政治教育工作者也要进一步加强利用各种传媒方式之间相互协调、相互补充的关系，发挥优势互补，提高综合影响力。

二、依托新媒体创新大学生思想政治教育策略

新媒体时代的思想政治教育主体构成发生了变化。现在除了思想政治教育工作者本身以外，各种网站、网页通过网络新媒体的互动已在客观上成了信息的重要传输者和思想行为的重要影响力量。因此要积极开发和共享信息资源，尽快建设一批学生喜欢的具有鲜明社会主义先进文化特征的红色网站，整体规划，稳步推进，进而构建起区域性乃至全国性、全球性的思想政治教育网络体系，扩大社会主义先进文化在网络上的阵地。

高校思想政治教育工作者还必须是现实生活里做思想政治教育工作的行家里手。占领网络思想政治教育工作阵地，应不失时机地找准切入点，做好网下大文章，构筑网上网下联动、全时关注、全程覆盖的立体交叉网络。传统

媒体中，报纸是一种群体的自白形式，它提供群体参与的机会。广播直接地、面对面地影响着多数人，给人们展示一种不通过言语交流的世界。电视能给人们提供各种生动的素材，满足视听刺激的需要。因此，我们要加强网络媒体与其他传统媒体的合作，如在网络上传递传统媒体的教育信息，或利用传统媒体的优势介绍网络媒体的丰富多彩的资讯。针对学生思想上存在的疑惑和问题，提供正面信息。

思想政治教育的根本宗旨是解决学生在世界观、人生观、价值观、政治观和伦理观等方面存在的问题，帮助他们树立起正确的理想信念，使其成为能辨别是非、善恶、美丑的主体，能抵制各种不良思想的诱惑，能把握自己的行为，使自己合乎社会发展主流趋势的要求。要达到这一目的，就要有针对性地讨论、研究和解决学生关心的、遇到的各种思想政治问题。

第三节　多元文化背景下的大学生思想政治教育创新

多元文化的发展越是蓬勃，思想政治教育工作力度就越不能减小，反而要不断地加大。高校思想政治教育要在弘扬传统中、坚持发展中不断创新，保证思想政治教育源源不断的发展动力，丰富生动鲜活的教学内容，树立所有参与教育教学的成员“敢想敢干”的精神风貌，最终投身于建设有中国特色社会主义现代化进程中。创新是高校思想政治教育的力量之源、灵感之源。本节着重从创新的角度来讲，即高校思想政治教育的创新工作是多维度、全方位的，组成思想政治教育的任何一个因素都不能偏废、割裂开来。事实证明，创新才是取得巨大成功的重要保证。在社会瞬息万变、新的文化如雨后春笋、社会文化环境瞬息万变之时，社会矛盾集中，新的问题、新的挑战不断涌来，思想政治教育工作面对如此错综复杂的环境变化，必须敢于创新，必须勇于创新，必须不断创新，才能保证高校思想政治教育在意识领域的话语权。

改革开放以来，多元文化影响着我国的国情、党情、人情，多元文化给思想政治教育工作带来了良好发展时机的同时，也考验着思想政治教育工作在意识领域的重要地位，提出了严峻挑战。在新形势下，高校教育工作的重点必须始终放在教育改革、紧跟时代步伐上。必须以创新发展教育工作为新起点，保持和发挥好思想政治教育工作的优势。

一、坚持“以人为本”创新大学生主体地位

思想政治教育工作是关于人的工作，多元文化对学校思想政治教育培养目标定位在人的全面发展，注重人文关怀。思政教育始终围绕贯彻以人为本，服务于学生，探索一条以大学生为创新主体的理念新思路。

要把尊重大学生的主体地位作为思政教育创新的出发点，有针对性地开展思政教育工作。大学生自我意识、独立意识强，他们不喜欢“你说我听”，喜欢发表自己的不同见解。思想政治教育工作要准确把握当代大学生的思想特

征，在思想政治工作中切实认真贯彻以人为本的发展理念，促进大学生全面发展，应努力做好以下几项工作。

1. 激发和培养大学生的主体积极参与意识。学生的主体性在思政教育中起着十分关键的作用。因此，要激发和培养学生的主体参与意识，教育的过程不能总是教师自说自演，错误地让学生把自己放在“观众”的位置上。学生要努力培养自身具备积极的创造力和热情的参与意识，促成学生成为自我教育的主体，并成为能动的、有创造力的主体。在教育的过程中必须赋予学生应有的权利，在享有权利的过程中，不断增强他们的主人翁意识，同时使他们更乐于去承担他们在教学过程中的义务。

2. 学生工作者由教育者转变为引导者，学会积极引导，而不是试图束缚学生的思想和行为。大学生心理日渐趋向成熟的时期，他们对任何活动都有很强的好奇心和积极参与愿望，但主体意识在行为层面的表达能力还不成熟，在参与实践的行为中缺乏科学有效的引导行为。这就更需要教育者科学地指导大学生，使他们内在的参与愿望转化为外在的参与实践行为，将大学生主体意识、积极能动性转化为自我教育、自我管理、自我提升的强大动力，在参与实践中实现自我的全面发展。

改进工作方法作为思政教育创新的切入点，把是否有利于提高大学生综合素质、是否有利于促进大学生思政教育工作全面发展作为检验教育方法成效的标准和依据。

多元文化的新形势下，大学生的思想活动和行为方式呈现出一些新的特点，如意识上的混乱和多样、行为上的独立和多变，教育工作者应该具体问题具体分析，把当代大学生新特点作为创新工作方法的突破口。

在多元文化影响下，一部分大学生不同程度地存在理想信仰的迷失、思想意识观念混乱、价值取向偏离社会主义方向、明礼诚信缺失、社会责任感空位、奢侈浪费行为严重、集体主义观念淡化、实践能力较差等问题，教育工作者要坚持贴近实际、贴近生活、贴近学生的基本原则，积极开展调查，真正深入思想政治教育对象中，及时了解大学生的物质、文化需求，把握好五个新趋向，即在管理上更加趋向平等，在对象上更加趋向引导，在教育上更加趋向实践，在时间上更加趋向长效，在范围上更加趋向全面。通过切实可行的方法，实现思想政治教育工作三个转变，即管理说教向服务转变、封闭教学环境向开放转变、转变狭隘工作方法，最终形成服务为先、文明互通、合理科学的开放式教育教学。

把做好思想政治教育工作和注重人文关怀相结合。在思想政治教育中坚持“一切为了学生，为了学生的一切”的原则，那么思想政治教育工作就不能只停留在书本层面或是只停留在意识领域问题上。说到底，教育工作者要深入实际、深入学生，既要关心学生思想上的实际问题和思想上的疑惑，努力引导、教育、解惑；又要关怀和关爱学生的生活现实问题，努力倾听学生最真实的呼声，努力使思想政治教育工作体现深厚的人文关怀，最终从情感上赢得学生信任，在日常生活的点点滴滴中做到春风化雨、润物无声。

二、把营造互动沟通教育环境作为思想政治教育创新的突破点

思想政治教育的环境不只是局限于思想政治理论教学的课堂上，多元文化为思想政治教育工作提供了更广的传播媒介，营造良好的教育环境更有利于师生间沟通交流、

相互促进、共同提高。要做到课堂上平等互动，网络中文明互动，心理上情感互动。

（一）课堂上的互动

传统的思政理论课教学主要以教师的单向灌输式的教学为主，整个教学过程成了教师的“一言堂”，学生处于被动的地位，只能单方面接受教师的“灌输”，思想政治教育由此也就由人格培养演变为科学文化知识的传授。不仅不能培养学生的创新能力，反而会禁锢学生的思维，扼杀学生的想象力。良好的教学环境是在师生共同努力下形成的。在课堂上，教师采取生动活泼的教学方式，抽象和具体相结合，概念和实例相配合，课堂教学和课外活动相促进，教师导向和学生互动共发展，学生在愉快的心情下学习，师生相互合作、平等和谐。加强用先进的科学文化知识武装大学生的头脑，弘扬中华民族优良传统美德，坚定爱国主义情怀和建设社会主义事业的愿望，在主旋律教育的基础上开展“平等讨论课堂”教学方式，最大限度地发挥学生主观能动性。在互动的课堂上，正确处理老师和学生的关系，畅通师生交流渠道，使学生感受到他们是学习的主人。疏导学生与社会的关系，为学生提供一个锻炼创新能力的舞台。

（二）网络中的互动

网络媒体提供给大学生多元化信息，拓宽了大学生知识视野的同时也拓宽了思想政治教育传播渠道，丰富了学生的头脑，网络生活已成为大学生活的重要组成部分。在网络文化蓬勃发展的今天，传统的思想政治教育方式出现“效果弱化”现象，教育者总以单一正面灌输的形象示人很难吸引大学生的“思想走向”。只有占领网络思想教育阵地，利用网络平台信息量大、内容丰富、方便快捷、普及范围广等优势进行网络对话，互动交流，分析与概述，才能在多元文化的世界中找到主旋律，这是加强思想政治教育自身建设的一种有效途径。从实践情况来看，思想政治教育网络平台建设，加强了弘扬社会主义价值观，充分发挥网络思想政治教育科学性价值，最大限度激发大学生的主体能动性，主导性价值观渗透到教育的方方面面。网络互动教育模式使思想政治教育由“固定”转向“可变”，由“一维”变成“多维”，由“单调”化为“多彩”。

（三）心理上的互动

面对日益严峻的社会挑战和竞争激烈的就业压力，大学生很容易产生悲观厌世的情绪。针对大学生棘手的心理问题，教育者要通过互动交流的形式在思想政治教育过程中强化心理健康教育，进行耐心细致的心理慰藉和辅导，帮助学生学会适当有效地调节自身心理情绪，学会协调学生与教师之间、学生与学生之间和学生与社会之间的关系；在互动中学生积极建设自我心理疏导机制，保持良好乐观的心态，提高自我抵抗压力能力和心理预警能力，激起学生奋发进取、自强不息的宝贵精神。

三、大学生思想政治教育以培养复合型人才为落脚点

进入21世纪以来，随着经济和社会的快速发展，我国已进入了高等教育大众化、多元化阶段。为适应经济与社会发展对人才的需求和人性全面自由发展的需要，创新大学生应用复合型人才思想政治教育工作，对于提高大学生应用型人才的整体素质，保证应用型人才培养质量，更好

地完成人才培养目标具有十分重要的意义。

大学生思想政治教育不是离开素质教育另起炉灶、另走一路，而是应与素质教育一样都要以培养复合型人才为目标。高素质复合型人才至少具备以下几方面的能力，即道德素质、创新素质、审美素质、技能素质和身体素质。其中，创新素质是核心，道德素质是根本。知识经济时代下复合型人才必须具有创新意识、创新情感、创新意志和创新实践能力。教育要以培养学生的创新精神和实践能力为重点，全方位地开展工作。培养高素质复合型的人才，对思想政治教育工作提出了更高的要求。在知识方面，复合型人才要具有深厚专业理论和可供广泛迁移的知识平台，具备较强的终身学习能力和专业转换的适应能力；在能力方面，除了具备某种岗位所需的基本的操作技能、技巧外，还要具备探索能力，乐于钻研，把发现、发明、创造转化为具体实践或接近实践。在思想素质方面，应具有正确的人生观、世界观、价值观。

思想政治教育是培养复合型人才创新能力的一个重要手段。首先，它有助于激发大学生的创新意识。思想政治教育可以帮助学生全面把握当今时代的特点，增强社会责任感、使命感，并深刻认识到21世纪是需要创新的时代，同时能进一步激励人们进行更高层次的创新追求。其次，还有助于发展大学生的创新思维。创新思维要求在思维过程中，破除习以为常、司空见惯的思维定式，积极采取发散性思维、逆向思维、求异思维、联想思维等思维方法。思想政治教育是以马克思主义理论为指导的，马克思主义哲学是批判的、开放的、发展的学说，通过对唯物辩证法的学习，培养学生的科学怀疑态度和问题意识，绝不盲从权威、迷信书本，敢于怀疑，从而不断发现新问题，进行新思考，提出新观点，给出新答案。

思想政治教育是培养德才兼备复合型人才的一个“强抓手”。思想政治教育把素质教育推向了一个新的台阶。素质教育是思想政治教育的灵魂，思想政治教育深化素质教育，实现做人与成才的统一，如果忽视了对学生的思想政治素质的培养，忽视了学生“三观”的教育，一味追求所谓的“才智”，那最终培养出来的只能是“歪材”。

四、高校思想政治教育开展师生创造力的双向开发新课题

多元文化背景下创新思想政治教育要走出一个误区：只注重学生创造力的培养，而忽视了教师自身创造潜能的开发，这势必影响思想政治教育的创新成效。只有师生双方的创造潜能得到开发，思想政治教育才能达到真正意义上的解放。

思想政治教育作为一种文化传播的特殊方式，它是师生共享、共创的过程，在“创新比赛”中师生是站在同一起跑线上的“两名选手”。虽然教师是知识的先知者，但在教学授课的过程中他们也存在对新的文化的理解，这种理解包含着他们对教学内容、教学方式方法的运用以及把自己本身通过创新思维整理好的观念传授给学生。思想政治教学离不开师生的共同参与、思维交换，离开任何一方，师生双向共创共享思想政治教育工作就无法实现。

当前的创新教育只是强调传统的教学模式有碍学生创新思维的培养，而忽视了整个教学活动中的传播者，以及师生间相互配合、相互作用的意识层面的交流。因此我们

在创新思想政治教育工作中要构建教师和学生两极主体，教学创新与文化融合双向发展。一方面，老师通过教学活动，进一步扩大自身的知识储备的深度和广度，不断地完善他们内在的认知结构和创新意识，使其创造潜能不断地得到开发；另一方面，学生通过教学活动，不仅掌握了一定的知识，而且不断地增强了自身的创新意识，并且在一定教学互动中迸发出创造火花。随着教师和学生双方的创造力都得到有效的开发，多元文化背景下创新思想政治教育形成良性循环，思想政治教育工作不断向着有序化方向迈进。

21 世纪是一个倡导多元文化、尊重个性的时代，这为思想政治教育创新发展提供了大的社会背景，师生双方都应从不利于创造的思想观念束缚中解放出来，不断吸取新的文化，丰富自己的内心世界。

第五章　网络环境下大学生思想政治教育模式的转变

第一节　网络环境下大学生思想政治教育模式的原则和内容

一、网络环境下大学生思想政治教育模式的原则

（一）以人为本突出大学生的自主性

传统高校思想政治教育中，大学生的自主性得不到彰显，取而代之的是教师在其中发挥着主导的地位，灌输式的教育成为一种主流倾向，这在很大程度上忽视了学生的

地位，教学效果的好坏落实在教师身上。网络既然为大学生思想政治教育提供了诸多便利的客观条件，那么结合现代的科学教育方法，教师和学生的互动应当成为教学的主要活动，在互动中做到教学相长才是基本目标。所以，网络思想政治教育紧扣时代脉搏，跟随社会潮流，运用科学的教学方法，做到最大限度地突出大学生的自主性，发挥他们在学习中的积极性，培养良好的自主意识。

大学生已经具有独立辨别是非的能力和独立思考的能力。要使大学生认识到教师只是引路人，要真正认识和适应社会需要他们自身去努力。大学生自主能力的培养不仅要在进入社会以后通过社会的磨砺建立起来，在学校中有意识地增强大学生的独立性，积极引导他们进行独立思考，也是培养自主性的表现。对于大学生而言，思想政治教育指向的社会问题要求他们进行独立思考、查询资料，形成一定的认识。对于即将走向社会的大学生，借助于网络迈进社会，要懂得面对种种社会现象，要树立起马克思主义的世界观、人生观和价值观并运用它解决实际问题。

网络本身就是张扬个性和自主性的渠道之一。在网络环境中，不同的人群在面对一个问题或者多个问题时，因为不知道对方的身份，所以能够比较自如地阐述自己的观点，这和现实中有很大的差别，也是网络环境的一大优势。网络环境虽然具有提升自主性的一个层面，但是在个性张扬的年代，忽视权威并不一定是合理的。大学生在真正跨入社会之前，自主和叛逆并没有多大区别。而思想政治教育的任务则是合理引导大学生树立起正确的观念。

突出大学生的自主性可以通过以下几个方面进行。一是在进行思想政治教育时，让大学生自己去搜寻可能遇到的困惑，并对这些问题进行理性思考，以此提升独立思索和认知问题的能力。在网络思想政治教育中，可以按照受教者—受教者—教育者的思路进行，在这个过程中，受教者提出问题，然后受教者之间进行互动，形成一定的认识，然后再由教育者通过具体事例分析，得出符合理性的思考。这是促进大学生自主性探究的活动之一。二是利用网络让大学生自觉进行学习，学习各种思想政治的经典著作，了解教学的基本目标、课件、试题，在学习中提出疑问，将学习的大部分时间交给学生，以此增强大学生的独立性。在这个过程中，教师的专业知识和社会阅历能够对大学生产生积极的影响，让大学生从心底接受马克思主义。三是让大学生去尝试理论错误，利用西方马克思主义、庸俗唯物主义、唯心主义的材料，引导学生按照这种方法去分析问题，从侧面引出马克思主义的合理性。四是积极参与社会实践，在可能的条件下，尽可能结合社会主义发展的问题以及国际问题进行调研，对学生进行调查辅导，通过实践环节增强大学生的思考能力，培养爱国主义情操，提升学生分析问题和解决问题的能力。

（二）新方法对马克思主义的深入了解和领悟

从20世纪初，马克思主义在中国既有理论层面的传播，又在社会现实中得到了证明。但是，当代大学生没有身处于那个时代，并且缺少社会阅历，单纯从文本上了解马克思主义是远远不够的。马克思主义需要在现实中得到不断发展。

网络突破了传统教育模式的课堂教育，使大学生思想政治教育在更为宽广和轻松的氛围中展开。中国古代和西方古代的教育其实是一种对话式的教育，灌输式的教育是西方近代以来的方式之一，由于西方也认识到灌输式教育的弱点，开放式的、独立式的教育发展已经成为教育的必然趋势。对于思想政治教育而言，这一点尤为重要。思想政治教育如果是单纯的说教，那么学生很容易反感，如果在现实中尝试认知和判断则会极大增强大学生学习的兴趣，这是一个根本的差别。

二、网络环境下大学生思想政治教育模式的内容

网络环境虽然是一种新的社会和教学环境，但其基本目标仍然是培养具有马克思主义价值观的大学生，在这个基本目标的指导下，需要触及很多与网络相伴的新问题，而这些新问题恰恰是网络环境下大学生思想政治教育的内容。同时，传统思想政治教育的新内容并未失效，它们与网络上的新问题一起构成了网络环境下大学生思想政治教育的基本内容。传统思想政治教育的哲学、经济学、科学社会主义、思想道德、法律、近现代史、国际政治均属于大学生思想政治教育的基本内容。随着学科的进一步分化，网络思想教育、网络政治教育、网络伦理教育、网络心理教育、网络法律教育、网络国情教育等构成了网络思想政治教育的基本内容。

（一）主要目标

坚持社会主义方向是第一目标。坚持思想政治教育就是坚持马克思主义，用马克思主义武装头脑，建立分析问题和解决问题的能力。马克思主义指引着大学生要树立起崇高的理想、坚定的信念、孜孜不倦的精神和奋发图强的热情，坚持社会主义的价值观，对于外国的文化侵略坚决抵制。网络上的信息复杂多样，更是考验大学生的好机会。

教育的理性化和诱导是值得特别注意的。思想政治教育绝不是灌输式的教育，它虽然是一种价值观，但是也符合人类的理性思考。特别是对于大学生而言，能否从道理上进行说明，能否触动他们的心灵，决定着思想政治教育能否取得好的效果。

（二）基本内容

网络思想政治教育比传统思想政治教育更加复杂，在传授基本内容时需要考虑更多的教学方式。一是针对性。大学生处于人生选择的关键时期，他们力图通过对社会更加广泛和深入的了解来拓展自己的知识面，开阔自己的视野，不断提高自己的能力。这既是学习的关键时期，也是思想波动比较频繁的时期。大学生接触到各种各样的社会思潮，但是他们的鉴别力非常有限，容易受到外在条件的影响。对大学生的思想政治教育，需要教师摸清他们的思想动向，具体开展教育，并且针对每个人的不同情况进行教育。二是灵活性。传统思想政治教育非常呆板，内容也有很大的局限。现代结合学生的具体情况进行教育，心理方面是重中之重。思想政治教育教师需要学习一些心理学知识，弄清学生的心理特征才能做到因材施教、因地制宜。三是交互性。思想政治教育是教师和学生、学生和学生、教师和教师、学生和其他人员之间的互动过程，如果做不到互动，思想政治教育肯定是失败的。互动过程中情景的设置、思想的共鸣、具体的行为都影响着思想政治教育的效果。除了人员之间的互动，学生与信息之间的互动更是值得特别关注。在各种信息泛滥的时代，利用马克思主义抵制不良文化的影响是一个重要问题。四是时效性。网络信息具有很好的时效性，教师在思想政治教育过程中要尽可能地联系社会现实，抓住当前的信息进行讲解。五是系统性。网络虽然提供了大量的信息资源，可是思想政治教育的理论是系统和连贯的，这要求围绕某些问题展开的教育需要有一定的理论作支撑。

第二节 网络环境下大学生思想政治教育模式的构建

一、加强大学生网络思想政治教育队伍建设

（一）提高思想政治教育工作者的素质

1. 思想政治素质

高校思想政治教育工作者必须具备较高的思想政治素质，在网络文化环境的多元化和当前政治生活的透明化的复杂形势下，教育者通过认真学习，提高其政治理论水平和思想道德品质，坚持理论与实践相结合，明确教育目标，把握教育原则，运用思想政治理论认真分析网络环境下大学生存在的各种思想和心理等现实问题，正确地引导网络话语的政治导向，帮助大学生提高思想政治觉悟，树立正确政治价值观和政治责任感。同时教育者敏锐的政治鉴别

力，能够有效地甄别和筛选网络信息，为学生营造安全的学习环境，也有利于帮助学生提高政治认知能力。

2. 科学文化素质

随着科学技术和知识快速更新，思想政治教育工作者必须不断提高科学文化素质，不断学习科学文化特别是现代科技知识。思想政治教育工作者的科学文化素质不仅要求教育者具备思想政治教育的基础理论知识，即马克思基本原理；还要具备深厚的专业知识和丰富的辅助知识，如教育学、伦理学、心理学、管理学、领导科学、人际关系学、外语知识和网络知识等方面的知识，尤其是外语知识和网络知识，有助于教师突破传统教学单一思维方式的局限，培养教师的创造性思维能力。教师能够更好地综合各方面知识来多途径、多视角地进行教学，更好地教育和引导大学生增强对网络上海量信息的辨别能力和批判能力，增强自身免疫力和抵御力，开创思想政治教育工作的新局面。

3. 网络信息素质

网络时代信息素质已成为社会成员应拥有的一项重要的个人素质，思想政治教育工作者网络素质的培养是思想政治教育工作与时俱进的要求。“信息素质”是指在各种信息交叉渗透、技术高度发达的社会中，人们所具备的对信息处理的实际能力和对信息筛选、鉴别、使用的能力。信息素质主要包括信息意识和情感、信息能力、信息道德和信息法律意识四个方面。高校网络思想政治教育工作者应该拥有敏锐的信息意识、丰富的信息知识、良好的信息道德、较强的信息收集处理能力和较好的网络语言表达能力。教育者通过掌握丰富的网络文化知识和网络技术手段能够更好地分析、处理、筛选过滤网络信息，同时运用网络技术更好地了解大学生思想变化和行为变化的信息，有针对性地对大学生进行思想政治教育。此外，教育者信息素质的培养对于大学生的信息素质教育具有举足轻重的作用，教师应着眼于强化大学生信息主体意识，引导学生学会评判信息、分析信息的真伪，学会评估和管理自己的网络接触行为。高校还可开展“文献检索课”等，通过传授信息处理的基本方法来解决非实际问题，不仅可以提高学生的信息能力，而且还可以增强师生互动交流，提高思想政治教育的实效性。

4. 心理素质

由于网络虚拟性和开放性，使许多大学生沉迷于网络，产生了许多心理问题。教育者的权威与受教育者个性发展的需要之间的冲突要求我们思想政治教育工作者必须具备良好的心理素质和高尚的品德情操，才能实现其育人功能。教育者通过采用网上心理辅导和网上心理测评等形式和多样的教育方式开展心理健康教育和咨询辅导工作，能够准确地把握教育对象的思想脉络，帮助学生增强自我保护意识和能力，提高他们对网络的认识和对“网络社会”的警惕性，增强他们的自我控制能力，健全其网络人格，从而克服不良的网络心态和心理疾病，提高心理预防能力。

5. 创新素质

网络环境下，教育者不仅要具有广博的知识结构，而且要具有创新精神、创新意识和创新能力。欲培养有创新能力的学生，老师自己必须具有更高的创新素质。创新素质是新形势下高校教育者必须具备的重要素质，是思想政治教育现代化的要求。首先，在思想上要认识到网络环境下思想政治教育工作的重要性；其次，思想政治教育工作者要树立终身学习的理念，运用现代网络技术及时了解专业相关发展动态，在思想政治教育的实践中不断提高分析问题、解决问题的能力，将所学的知识内化为自己的思想；

再次，遵守实事求是、尊重科学的原则，遇到问题及时提出教育意见，切实重视实践性教育环节，采取启发式教学以培养学生的创造性思维，尊重学生的主体意识，通过教育目标、教育手段、教育方法的设计，凸显大学生的主体地位，增强其网络主体的自主性和创造性。因此，只有教育者不断探索创新，才能产生良好的思想政治教育效果，实现思想政治教育的目标。

（二）加强思想政治教育工作者的选拔和考核

加强网络思想政治教育队伍建设是网络环境下思想政治教育的关键，建设一支专业化、高效化的思想政治教育队伍是适应网络时代和优化高校网络思想政治教育环境的迫切需要。目前，高校思想政治教育工作者对网络的虚拟性、超时空性和先进性等网络意识还相对滞后，主要由于网络的迅猛发展，大多数的教育者在思想上未能及时转变教育观念，相关知识准备不充分，对网络环境下的思想政治教育工作的新变化和新特点缺乏研究等，网络思想政治教育队伍结构不够合理，从当前高校网络思想政治教育队伍组成状况来看，仍缺乏具备综合素质的人才。因此，高校亟须进一步加强高标准的选拔和考核思想政治教育工作者。

首先，加快建设德才兼备的思想政治教育队伍。高校应加快引进高学历、高素质人才的步伐，为思想政治教育队伍增添新活力，实现年龄结构、知识技能等多方面的优化组合，实现思想政治教育的多功能性。比如，年轻的思想政治教育工作者熟练掌握网络技术，拥有良好的网络意识，能将思想政治教育的内容通过多种有效的方式传播给受教育者，但其缺乏教育经验，不能准确把握教育重点，教育效果不明显；年长的思想政治教育工作者具有丰富的阅历和经验，能把握问题的症结，但不具备多学科的知识和网络技能及利用先进知识和技能进行教育的优势，而把不同年龄、学历的人才合理组合，能够使教育者优势互补，取得相得益彰的效果。目前，许多高校已实现了年龄优化配置，积极引进不同学历组合的人才，使不同能力、学识的人各展所长，共同进步，实现知识和智能结构的优化组合，甚至一些高校着手优化教育者男女结构，改变过去思想政治教育队伍女多男少的队伍结构，针对教育者不同的个性进行合理组合，使教育效果更加显著。

其次，完善专兼职高素质的思想政治教育队伍建设。

目前，高校思想政治教育队伍在不断壮大，但在质量上和数量上仍不能达到现实要求。据此，高校应着手完善思想政治教育的专兼职队伍，实现其队伍现代化。专职队伍主要由高校党委、宣传部、分管学生工作的书记、辅导员组成，兼职队伍主要由师生骨干组成，技术队伍主要由网络中心工作人员组成。这支队伍的建成能够使学校各级管理部门协同合作，在运用理论知识对学生进行教育的同时，运用先进的网络技术使教师及时把握学生思想动态，发现大学生中存在的具有倾向性和群体性的问题，并有效地引导网上舆论，解决实际问题。为适应网络环境下思想政治工作的需要，高校应积极选拔成立网络辅导员队伍、建立网络舆论引导小组、培养网络舆论评论员，采用网络舆论领袖发表主流言论引导网络舆论的方式，向大学生传播正确的知识和思想，规范其网络行为。

最后，完善考核激励机制。为进一步提高教育者的积极性和综合素质、提升思想政治教育的效果，高校需要不断完善考核激励机制，加强和改进思想政治教育的考核内容、手段和标准，通过加强管理、监督和培训等方式不断提高思想政治教育队伍的整体素质。比如，采用自评互评、上级考评和学生评分、先进教师评选等相结合的方式考核网络思想政治教育工作者的工作成效，并将其纳入对高校教师的工作量和工作业绩的评估指标之内，对表现突出的教师给予相应的假期和经费支持。对于开展网络思想政治教育教学和研究的教师提供专项资金，对于取得一定研究成果的教师进行奖励。通过评估鼓励先进，鞭策后进，根据评估结果，对教师的不足之处进行辅导和培训。

二、完善网络环境下大学生思想政治教育的内容

首先，高校应将心理健康教育纳入教学计划，开设大学生网络心理学选修课，将收集到的新颖、经典案例制作成多媒体课件，向学生传授基本心理知识，帮助大学生及时发现心理问题，调解心理矛盾，缓解心理压力，强化心理素质。其次，开展网络心理教育和咨询辅导工作，针对一些心理问题比较突出，又不愿与人交流的学生，教师可以通过网络匿名谈话或网络留言的方式，消除面对面交流中存在的隔阂和尴尬，及时了解学生心理状况，选择适当的方式对其进行心理引导，帮助学生克服心理障碍，培养

良好的心理习惯和心理素质。此外，通过建设大学生心理教育网站，开辟网络心理论坛，发布心理美文，及时疏解学生心理症结。也可尝试开发一些网络心理游戏、网络心理测试，在网络互动交流的过程中，进一步了解大学生的网络思想和行为；加强网络心理监控和危机处理机制，能够及时发现和处理心理危机个案。最后，高校不仅要加强思想政治教育工作者和大学生网民的网络心理健康教育，还要加强网络心理教育和网络人际关系教育，使大学生树立正确的恋爱观和人际交往观。

其次，加强大学生网络法律知识的学习，增强其法律意识。当前高校的非法律专业的学生主要是通过学校开设的思想道德修养与法律基础公共课来学习法律基础知识，但其中涉及的网络法规比较少或是不全面，不能够达到教育效果。据调查，大多数大学生表示对网络法规不了解，网络法制意识淡薄。教育者应加强相关法规和相关案例的教学，使大学生应用网络法规规范自己的网络行为，避免无意识的网络违法行为。教育者还可以通过网络向学生提供法律援助，培养大学生运用法律的基本技能。在走访调查中，有部分学生表示不清楚自身的行为是否越界或触犯法律，有的表示当前法律建设不够完善，仍有漏洞可钻。因此，当前高校应加大网络法规的教育和宣传力度，通过一些典型的正面和反面的案例来现身说法，传播法律知识，加深学生对网络法规的认识，使其自觉地遵守网络法规，做知法守法的网民。最后，高校还应加大网络监控力度，清除网上垃圾，规范网上行为，尽量为大学生提供一个良好的网上活动空间，营造一种良好的法治网络环境，引导大学生树立起遵纪守法的社会主义网络新风尚。

教育部在《关于加强高等学校思想政治教育进网络工作的若干意见》中强调，要加强对上网大学生的自律教育，培养健全人格和高尚情操，培养良好的网络道德，坚持“思想保健”，自觉构筑抵制不良冲击的“防火墙”。传统社会的道德维系主要依靠他律，但由于网络中消极因素的冲击以及我国当前网络监管不够规范，网络他律系统不够健全，决定了道德自律的重要性。网络的开放性和交互性为大学生自我教育和自由创造提供了广阔空间，但同时也产生了许多问题。目前在高校大学生中网络道德缺失现象比较严重，比如在网上散布虚假信息、语言攻击、网上黑客等现象屡见不鲜，要解决这些问题，不仅要借助网络技术手段和法律手段，更重要的是要加强网络道德教育，增强大学生的自律能力和自身免疫力。首先，要加强对大学生上网引导，让网络丰富的资源成为学生学习的工具和助手，引导大学生自觉地遵守网络道德规范。2000年，团中央、文化部等十家单位联合发起“网络文明”工程，号召大家“文明上网、文明建网、文明网络”。这些活动的目的在于为广大网民构建良好的网络环境，通过净化网络环境，形成健康文明的网络道德规范，引导广大网民自觉维护网络秩序。

其次，利用网络技术加强网络道德教育的效果。比如，高校可以利用网络丰富的教学方法和手段，挖掘和利用丰富的网络信息创新思想政治教育的内容，为学生带来感官上的享受，使学生在潜移默化中增长知识，实现其育人功能；提升思想政治教育的服务功能，组织专家开发一些集教育性和趣味性、实用性和服务性于一体的包括游戏在内的思想政治教育软件，引导大学生遵守游戏规则，增强道德意识和道德自律能力，规范大学生的网络行为，预防和减少网络犯罪。

最后，高校应加强网上网下一起抓。一方面，思想政治教育网站建设要全面，注重网站实质内容，为学生开设关于法制、责任、自律和安全教育等的专题教育，邀请专家和权威针对道德热点问题进行评价，引导正确的网络舆论。另一方面，在网下要经常性开展大学生关于网络的讨论活动、社会实践活动以及心理健康教育活动，大学生的思想状况、心理健康状况也能够体现其道德水平。网民自律是网络自律的核心，为进一步提高大学生的网络道德素质，应加强学生的“网风”“网德”教育，提高学生“思想保健”“文明上网”意识，培养大学生的自律意识和自我约束的能力，承担起维护网络社会秩序的社会责任。

参考文献

［1］杨方旭．大数据时代背景下大学生思想政治教育新思路［M］．长春：东北师范大学出版社，2018.

［2］刘镭．网络环境下的大学生思想政治教育研究［M］．北京：九州出版社，2018.

［3］陈艳萍．大数据时代高校意识形态教育工作研究［M］．徐州：中国矿业大学出版社，2018.

［4］王楠．大学生思想政治教育创新研究［M］．延吉：延边大学出版社，2017.

［5］闫晓静．大学生思想政治教育创新研究［M］．成都：电子科技大学出版社，2017.

［6］蒙晓阳．网络时代提高大学生思想政治教育实效的路径思考［J］．中国青年研究，2013（07）.

［7］孔卫英，谈娅，陈跃．提升大学生思想政治教育管理科学化水平实证研究［J］．思想教育研究，2015（08）.

［8］相征．新形势下马克思主义对大学生思想引领作用的思考［J］．东北师范大学学报（哲学社会科学版），2014（01）.

［9］杨琳．新时期有效开展大学生思想政治教育工作的对策［J］．教育与职业，2014（05）．

［10］王强．中华传统文化精华对增强大学生思想政治教育实效的研究［J］．西藏大学学报（社会科学版），2014（02）．

［11］张雯静．网络新媒体对大学生思想政治教育影响的分析及对策研究［J］．南京广播电视大学学报，2014（02）．

［12］王旭红．高校管理视域下大学生思想政治教育功能研究［J］．文化创新比较研究，2019（03）．

［13］何思平．从意识形态视域探究信息化时代下大学生的思想教育［J］．高教学刊，2019（05）．

［14］吴春岩，史文梁．微时代背景下大学生思想政治教育研究［J］．渤海大学学报（哲学社会科学版），2016（01）．

［15］何云峰，秦刚，赵鹭．大学生思想政治教育中新媒体利用的效力及策略［J］．教育评论，2015（12）．

［16］刘河元．大学生思想政治教育分类引导模式研究［J］．山东社会科学，2015（O2）．

［17］杨琳．新时期有效开展大学生思想政治教育工作的对策［J］．中国成人教育，2015（24）．

［18］孙芳．网络新媒体对大学生思想政治教育影响的分析

及对策分析［J］. 亚太教育，2016（05）.

［19］黄炳超 . 自媒体视域下青年大学生思想政治教育工作的新形态与新思维［J］. 教育评论，2016（02）.

［20］王文昇 . 网络文化传播中大学生思想政治教育机制的构建［J］. 电化教育研究，2012（10）.

［21］杨娟娟 . 论高校大学生思想政治教育工作中的情感沟通［J］. 当代教育实践与教学研究，2020（07）.

［22］胡雪妍 . 谈高校辅导员素质与大学生思想政治教育的关系［J］. 中国农村教育，2020（09）.

［23］邱靖 . 大学生思想政治教育机制的完善［J］. 改革与开放，2010（18）.

［24］曾令玉 . 网络文化背景下大学生思想政治教育特征与对策分析［J］. 山西青年管理干部学院学报，2004（04）.

［25］王玢 . 互联网时代大学生思想政治教育策略［J］. 现代交际，2018（06）.

［26］杨桂兰，刘蕾，鄢章华 . 大数据思维在大学生思想政治教育中的应用研究［J］. 思想理论教育导刊，2016（11）.

［27］邓文锋，李静，冯立基 . 大数据环境下大学生思想政治教育工作新模式探究［J］. 大学教育，2016（12）.

［28］马妍丽，袁保荣，武秋梅，等．新媒体在大学生思想政治教育中的应用［J］．西部素质教育，2017（08）．

［29］郑芳芳．新时期大学生思想政治教育的有效路径［J］．高校辅导员学刊，2017（02）．

［30］杨忱．谈如何做好新时代大学生思想政治工作［J］．辽宁师专学报（社会科学版），2017（06）．

［31］柯晓蕾．新媒体时代大学生思想政治教育工作新思路［J］．艺术教育，2018（14）．

［32］秦春贺．典型培育在大学生思想政治教育引领中的作用研究与实践［J］．教育教学论坛，2018（31）．

［33］万云．新媒体环境对大学生思想政治教育的挑战及对策［J］．文教资料，2010（35）．

［34］韩步江．浅论大学生思想政治教育的层次性［J］．黑龙江教育（高教研究与评估），2011（03）．

［35］于运国，刘文丛，赵欣欣．构建大学生思想政治教育模式的整体性认知模型［J］．东北师大学报（哲学社会科学版），2011（04）．

［36］李月，张文博．论“微时代”下大学生思想政治教育中的沟通［J］．延边教育学院学报，2015（06）．

[37] 雷德胜，王建华．“微时代”大学生思想政治教育工作初探 [J]．郧阳师范高等专科学校学报，2015（05）．

[38] 蒋鹏．拓展训练对大学生思想政治教育的影响 [J]．河南教育学院学报（哲学社会科学版），2015（06）．

[39] 白彩虹．红色文学对大学生思想政治教育的感染力 [J]．语文建设，2016（05）．

[40] 莫坷，范玲．21 世纪大学生思想政治教育工作机制研究 [J]．改革与战略，2004（03）．

[41] 申洋．全媒体时代大学生思想政治教育工作方法创新研究 [J]．赤峰学院学报（汉文哲学社会科学版），2015（12）．

[42] 缪磊．试论中国优秀传统文化在大学生思想政治教育中的作用 [J]．吉林工程技术师范学院学报，2016（09）．

[43] 曾令玉，陈良栋．网络文化与大学生思想政治教育创新 [J]．学校党建与思想教育，2004（12）．

[44] 石华．网络与大学生思想政治教育及对策 [J]．科技创新导报，2008（24）．

[45] 叶方天，郝嘉瑜．当代大学生思想变化特点及教育实效性研究 [J]．黑龙江工程学院学报，2019（04）．

[46] 王纯爽，王逸文 . 新时代下网络自媒体对大学生思想政治教育工作的影响 [J] . 中国多媒体与网络教学学报（上旬刊），2019（07）.

[47] 薄倩楠 . 融媒体背景下大学生思想政治教育的应用路径探究 [J] . 教育现代化，2018（22）.

[48] 刘伟 . 新时期形势政策教育结合大学生思想政治教育的思考 [J] . 文教资料，2013（11）.

[49] 张明辉 . 大学生思想政治教育机制体系完善的微观建设研究 [J] . 吉林广播电视大学学报，2017（02）.

[50] 张芳 . 中国优秀传统文化对当代大学生思想政治教育的影响 [J] . 科教文汇（下旬刊），2013（12）.